Delia Wings

Flugangst-Tipps einer Stewardess

Endlich angstfrei fliegen

DELIA WINGS

REISETIPPS EINER STEWARDESS

ISBN: 978-3-00-067689-5

Kapitelübersicht

1. Vorwort

Eines Tages erklang in der Flugzeugkabine folgende Ansage vom Kapitän kurz vor der Landung:

„Meine Damen und Herren, nun beginnt bald der gefährlichste Teil Ihrer Reise."

--- alle Fluggäste horchten auf ---

„Die Fahrt mit Ihrem Auto nach Hause!"

Nach ein paar verdutzten Momenten lachten einige Gäste.

Ob das wirklich je so geschehen ist, weiß ich nicht, da ich dies nur in einem Online-Forum aufgeschnappt habe. Aber der Kern der Aussage ist wahr.

Wahr ist allerdings auch, dass Flugangst mehr Menschen betrifft, als man denken würde. Studien zufolge fühlen sich mindestens 40 % aller Fluggäste innerhalb eines Flugzeugs nicht ganz wohl oder leiden sogar unter akuter Flugangst. Das Gute daran: Du bist nicht alleine!

Doch bevor ich dir mit Insider-Tipps und Fakten versuchen werde, deine Flugangst zu minimieren, möchte ich mich kurz vorstellen:

Mein Name ist Delia und ich fliege seit Oktober 2010 bei einer großen internationalen Fluggesellschaft, zudem bin ich auch Flugangst-Coach. Bevor ich Mutter geworden bin, war ich fünf Jahre lang Vollzeit in meinem „Büro über den Wolken" tätig und nun fliege ich weiterhin in einer kleinen Teilzeit.

Ich muss dir noch etwas verraten: Bevor ich Flugbegleiterin wurde, haben der Start und Turbulenzen auch nicht gerade angenehme Gefühle in mir ausgelöst! Aber nach meiner Ausbildung und ein paar Flügen „on duty" war ich davon geheilt.

An Bord habe ich schon oft Menschen mit Flugangst getroffen. Aber wie du es dir wahrscheinlich schon denken kannst, gehen die meisten Fluggäste damit nicht hausieren und halten ihre Angst bedeckt. Vielleicht geht es dir ja ähnlich. Aber dem geschulten Flugbegleiter-Auge entgeht nichts – und das ist auch gut so, denn so kannst du dich darauf verlassen, dass wir dir zur Seite stehen, wenn du uns brauchst.

2017 habe ich meinen Blog delia-wings.de online gestellt und schreibe dort über Reisetipps (einer Stewardess), über das Fliegen und Flugzeuge an sich – und seit einiger Zeit auch über Flugangst und wie man sie überwinden kann.

Als ich meinen ersten Blogbeitrag über dieses Thema schrieb, ahnte ich nicht, dass dieser durch die Decke gehen würde.

Damals war ich eigentlich froh, wenn sich pro Tag zehn bis 20 Leser auf meinen Blog „verirrten", aber als ich den Artikel „Flugangst überwinden" auf Social-Media-Kanälen teilte, waren auf einmal über 100 Leser zum gleichen Zeitpunkt auf meinem Blog. Insgesamt wurde dieser Beitrag über 10.000 Mal gelesen. Weitere Artikel zum Thema Flugangst folgten dann natürlich aufgrund der hohen Nachfrage.

Mir war durch meine Erlebnisse an Bord bewusst, dass es einige Menschen gibt, denen fliegen keinen Spaß macht. Doch durch die unverhältnismäßig vielen Klicks auf diesen Blogbeitrag habe ich gemerkt, dass es in Sachen Flugangst noch einiges an Aufklärungsarbeit zu leisten gilt, weil es eben so viele betroffene Menschen gibt.

Somit habe ich noch mehr über dieses Thema recherchiert und geschrieben sowie die Inhalte auch in passenden Social-Media-Gruppen geteilt. Außerdem habe ich meine eigene Flugangst-Gruppe gegründet: „Flugangst überwinden – Tipps und Wahrheiten einer Stewardess".

Zum jetzigen Zeitpunkt gibt es gut 1.600 Mitglieder in der privaten Gruppe und ich bin jedes Mal aufs Neue erstaunt, wie herzlich, unterstützend und mutig die Mitglieder sind. Durch diese Gruppe und meine telefonischen Coachings habe ich mehr über Flugangst lernen können, als ich je hätte recherchieren können. Viele der Gruppenmitglieder fliegen nun angstfrei oder trauen sich immerhin wieder in ein Flugzeug.

Die Gruppenmitglieder haben mich auch dabei unterstützt, welche Inhalte ich in diesem Buch behandeln soll. Wer kann denn besser über die Inhalte eines Ratgebers entscheiden als die Betroffenen selbst?

Ich danke allen, die mir ihr Vertrauen in meinem telefonischen Flugangst-Coaching geschenkt haben, den Mitgliedern meiner Flugangst-Gruppe sowie meinen ehrenamtlichen Moderatoren der Flugangst-Gruppe

Steffi, Jessi und Rio. Ohne euch alle wäre dieses Buch nie entstanden.

Ich bin zwar keine Psychologin, aber als Flugbegleiterin möchte ich dir mit meinen Insider-Tipps Infos an die Hand geben, die dir vielleicht das Fliegen etwas angenehmer machen.

Anmerkung: In diesem Buch nehme ich mir die Freiheit, dich zu duzen, da Flugangst etwas sehr Persönliches ist. Außerdem bin ich es gewohnt, da sich Flugbegleiter und Piloten auch untereinander mit „Du" anzusprechen – auch wenn wir zum allerersten Mal miteinander fliegen und uns nicht kennen.

Der Einfachheit wegen habe ich eine neutrale Sprache gewählt. Wenn ich von Piloten spreche, meine ich natürlich auch die Pilotinnen damit.

Get ready for take-off!

2. Was ist Flugangst und was löst sie aus?

Flugangst, auch Aviophobie genannt, zählt zu den irrationalen Ängsten. Es ist also eine Angst, die unverhältnismäßig groß zur realen Gefahr gegenübersteht.

Diese Phobie kann durch ein traumatisches Erlebnis entstehen, oder sie entwickelt sich ohne offensichtlichen Grund. Genau wie bei anderen Angststörungen kann es auch viele Faktoren geben, die zusammenspielen.

Druck und Stress gehören zu den größten Faktoren, die Flugangst begünstigen können. Aber das muss gar nicht mal mit einem schlechten Flugerlebnis zusammenhängen, sondern kann auch eine Art „Kanal" dafür sein, innere Ängste und Druck an die Oberfläche geraten zu lassen. Die Psyche des Menschen ist hoch kompliziert und unergründlich.

Hattest du zu dem Zeitpunkt, als du deine Flugangst zum ersten Mal gespürt hast, vielleicht besonders viel Stress? Vielleicht hattest du Druck auf der Arbeit oder musstest sogar einen Trauerfall bewältigen? Auch das sind Traumata, die nichts mit der Fliegerei zu tun haben, die sich aber beim Fliegen ihren Weg nach außen gesucht und sich als Flugangst gezeigt haben.

Laut Hirnforschern arbeitet unser Gehirn in Bezug auf Emotionen (wie zum Beispiel Angst) noch genauso wie vor 70.000 Jahren. Wir denken also noch so wie in der Steinzeit. Gab es damals eine bedrohliche Situation, wurde entweder mit Starre, Flucht oder Angriff reagiert.

Doch innerhalb eines Flugzeugs kann man nicht einfach der Situation entfliehen und ein Angriff ist wenig sinnvoll. Allerdings habe ich an Bord auch schon verbal aggressive Menschen erlebt, bei denen sich herausstellte, dass diese Verhaltensweise auf eine starke Flugangst zurückzuführen war.

Wenn wir also noch genauso fühlen wie vor vielen tausend Jahren, als Menschen noch nicht in der Luft um die Welt gejettet sind, ist es absolut nachvollziehbar, das Fliegen als Gefahr anzusehen – auch wenn du vielleicht früher mal keine Flugangst hattest. Wir sind und bleiben körperlich einfach Fußgänger und haben deswegen in der Luft keine allzu heimischen Gefühle.

Ganz oft höre ich auch von Frauen, dass sie plötzlich Flugangst entwickelt haben, nachdem sie Mütter geworden sind. Das Fliegen ist für uns als am Boden lebende Lebewesen suspekt und es klinkt sich oft ganz schnell der Schutzinstinkt einer Mutter ein, sodass das Fliegen als Gefahr angesehen wird.

Darüber hinaus kann Flugangst auch „erlernt" werden, wenn ein naher Verwandter einem Kind die Flugangst (ungewollt) vorlebt.

Nicht zu vergessen sind die Menschen mit Flugangst, die ein vermeintlich schlechtes Erlebnis beim Fliegen hatten. „Vermeintlich" habe ich absichtlich geschrieben, da es oft Situationen beim Fliegen gibt, die von Fluggästen als extrem gefährlich wahrgenommen werden, obwohl sie es vielleicht (oder meistens) gar nicht sind.

Ein Beispiel hierfür wäre folgende Situation: Der Kapitän oder der Kabinenchef macht eine Ansage, dass das Flugzeug wegen eines technischen Defekts landen muss. Hier gehen viele der Fluggäste davon aus, dass die Situation brenzlig ist, aber dem ist in den allermeisten Fällen nicht so!

Zwischenlandungen aufgrund technischer Defekte kommen vor, aber keine Sorge – dies bedeutet nicht, dass das Flugzeug nicht mehr fliegen kann! Es wäre eine Landung aus Sicherheitsgründen und keine Notlandung. Warum?

Nehmen wir an, im Flug würde der Rauchmelder im Frachtraum ausfallen – somit wüssten die Piloten nicht zuverlässig, falls es im Frachtraum zu einem Brand kommt. Es besteht keine akute Gefahr, aber dennoch würde man in diesem Fall aus Sicherheitsgründen zwischenlanden und das defekte System reparieren lassen.

Die Presse würde diese „Zwischenlandung aus Sicherheitsgründen und Einhaltung der Vorgaben" natürlich als Notlandung verkaufen und somit die Ängste der Menschen schüren. Du weißt jetzt: Es kann auch ganz banale Gründe für eine solche „Sicherheitslandung" geben, wie sie im Fachjargon heißt.

Was ich damit sagen will: Es kann viele Gründe dafür geben, Flugangst zu entwickeln. Psychische Gründe, „vermeintlich" gefährliche Erlebnisse, das Schauen von angsteinflößenden Flugzeug-Sendungen, „dramatische" Pressemitteilungen, traumatische Erlebnisse fernab der

Fliegerei, Unwissenheit oder sogar genetische Veranlagungen zu Angststörungen. Ein weiterer Faktor ist auch, dass Fliegen in der Regel keine Tätigkeit ist, die man täglich macht.

Flugangst ist so facettenreich wie jeder einzelne Fluggast. Der eine hat nur Angst vor dem Start, der andere mag die Enge nicht, der nächste hasst Turbulenzen, und manch einer glaubt, dass er im Flugzeug Höhenangst haben wird – oder jemand ist von alldem betroffen.

Manche Menschen verwechseln auch einfach die normale Reisenervosität mit Flugangst, denn viele werden auch vor Reisen mit Auto, Bus und Bahn nervös. Reisen kann einfach generell stressig sein.

Auch wenn Flugangst nicht rational ist, ist sie bei den Betroffenen da und real – egal aus welchem Grund und in welcher Form. Ängste sollte man immer ernst nehmen und versuchen, sie zu überwinden. Flugangst ist kein Kaugummi in den Haaren, den man einfach herausschneiden kann, sondern die Gründe dafür liegen meist in der Vergangenheit und Psyche des Betroffenen.

Wie sich Flugangst äußert

Je nach Stärke der Flugangst können folgende körperliche Symptome auftreten: Herzrasen, Schweißausbrüche, Schwindel, Atembeschwerden, Übelkeit, Durchfall und Kopfschmerzen. Menschen, die sehr starke Flugangst haben, fühlen sich schon beim Buchen eines Fluges regelrecht gelähmt in ihrer Angst und leiden schon lange vor dem Flug an Schlafstörungen – so, als ob ihnen eine wirkliche Gefahr bevorsteht.

Die meisten Betroffenen versuchen, ihre Angst an Bord zu verstecken, verkrampfen sich im Sitz, krallen sich in die Armlehnen und hecheln wie nach einem Marathonlauf. Warum du deine Flugangst nicht für dich behalten solltest, erkläre ich dir noch im späteren Verlauf.

Mit diesem Buch verspreche ich dir keine Garantie auf die absolute Heilung, aber ich verspreche dir, dass du dir durch die vielen Insidertipps und Fakten so einiges an Wissen aneignen wirst, was definitiv zur Beruhigung beiträgt. Vielleicht kannst du einem anderen Flugangst-Betroffenen sogar helfen, wenn du ihm erzählst, was ich dir hier nahebringen möchte.

Da du diese Zeilen nun zurate ziehst, hast du schon den ersten Schritt gemacht in Richtung „Endlich angstfrei fliegen".

Letztendlich hast du die freie Wahl: In ein Flugzeug kann dich keiner zwingen – es gibt in den allermeisten Fällen eine Alternative. Also musst du theoretisch nie wieder in ein Flugzeug steigen – nimmst aber in Kauf, dass dir unvergleichliche Erlebnisse entgehen (oder zumindest die Anerkennung des Chefs für einen gut gemachten Job an einem entfernten Einsatzort).

Willst du deinen Horizont mit fremden Ländern und Kulturen erweitern oder die internationalen Möglichkeiten deines Jobs ausschöpfen? Dann nimm die Herausforderung an, dich mit deiner Flugangst auseinanderzusetzen, und habe das klare Ziel vor Augen, endlich wieder angstfrei zu fliegen. Denn Flugangst ist heilbar!

Vorschau

In den folgenden Kapiteln gehe ich auf die Abläufe am Flughafen und im Flugzeug ein, erkläre dir, was bei der Flugzeugabfertigung passiert, gebe dir grundsätzliches Wissen über die Technik der Flugzeuge weiter, kläre dich über Turbulenzen auf, gebe dir einen kleinen Einblick in die Ausbildung und die Arbeit von Piloten, Flugbegleitern und Fluglotsen, erzähle dir, wie an Bord mit medizinischen Notfällen umgegangen wird, liefere dir Fakten gegen Flugangst, gebe dir anwendbare Tipps zur Beruhigung, schreibe über Erfahrungen und Tipps von Betroffenen und schließe mit (m)einem typischen Arbeitstag für die Crew auf Langstrecke ab.

3. Am Flughafen, im Flug und nach dem Flug: Abläufe und Tipps

Das erste Mal fliegen

Dieses Kapitel kannst du natürlich gerne überspringen, wenn du schon oft geflogen bist und die Abläufe am Flughafen gut kennst. Aber eine kleine gedankliche Flugreise wird dir sicher nicht schaden, da es dich vielleicht beim Lesen dahin bringt, wo der Schmerz sitzt – und diesen Knoten wollen wir ja lösen!

Die Flugbuchung

Menschen mit Flugangst rate ich, wenn möglich Flüge zu buchen, die zeitlich so liegen, dass man ausgeschlafen und gut gestärkt zum Flughafen kommt. Hat man genug Zeit zum Ausschlafen und gut gegessen, ist der Körper fit genug, um auch stärkere nervliche Belastungen zu verkraften.

Wenn du es dir leisten kannst, solltest du auch darüber nachdenken, ob nicht eine höherwertige Fluggesellschaft („Premium Carrier") sinnvoll ist, auch wenn die Tickets teurer sind. Bei solchen Fluggesellschaften ist der Service durch das Personal meistens besser. Es erwarten einen keine teuren Überraschungen, wenn das Handgepäck ein Kilo zu schwer ist, und es gibt eigentlich so gut wie keine Kostenfallen wie manchmal bei sehr günstigen Fluggesellschaften. Je weniger negative Überraschungen du am Flughafen und an Bord erlebst, umso gelassener kannst du sein.

Noch besser wäre sogar ein Ticket in der Business-Class. Dort hat man viel mehr Platz, der Service ist viel persönlicher und das Flugerlebnis ist viel schöner. Es gibt oft gute Angebote, in der Business-Class zu fliegen – schau doch einfach mal nach.

Am Flughafen ankommen

Checke dich am besten schon am Vortag online ein. Bei den meisten Fluggesellschaften geht das mindestens 23 Stunden vor Abflug – umso größer ist die Chance, dass du dir noch einen guten Sitzplatz aussuchen kannst. Falls du für eine Sitzplatzwahl zahlen musst, solltest du das in Betracht ziehen.

Mein Tipp ist, dass du dir einen Platz so weit vorne wie möglich aussuchst. Und das aus zwei Gründen:

Erstens spürt man ganz vorne das Wackeln im Flugzeug weniger als weiter hinten; der zweite Grund ist, dass du, wenn du vorne sitzt, normalerweise auch einer der ersten Passagiere sein wirst, die wieder aus dem Flugzeug aussteigen. Denn wenn der Flieger an einer Fluggastbrücke nach der Landung anlegt, wird das Flugzeug über die vorderste Tür links verlassen. Wenn du also beim Boarding einer der letzten Passagiere bist, der einsteigt und du einer der ersten bist, der aussteigt, verbringst du viel weniger Zeit im Flugzeug. Wenn man in der letzten Reihe sitzt, kann das Aussteigen schon mal zehn Minuten auf kleinen Flugzeugen dauern oder noch viel länger auf Großraumflugzeugen.

Falls das Boarding anders gehandhabt wird, könntest du die Flugsteig-Mitarbeiter fragen, ob es in Ordnung wäre, dass du als einer der letzten Fluggäste einsteigst.

Tipp: Flugbegleiter fliegen oft als „Dead-Head-Crew" mit. Klingt komisch, heißt aber nichts Anderes, als dass sie auf diesem Flug nicht als arbeitende Crew mitfliegen, sondern dass sie wie ein Passagier auf einem normalen Fluggastsitz reisen. Oft fliegen sie auch privat, sind aber auf der Passagierliste als fliegende Mitarbeiter eingetragen.

Du könntest also am Check-In fragen, ob sich ein Flugbegleiter unter den Fluggästen befindet und ob neben ihm noch ein Sitzplatz frei wäre. So könntest du vielleicht ein wenig mit dem Flugbegleiter plaudern und fühlst dich neben ihm vielleicht ein wenig sicherer. Die Chance ist zwar nicht allzu groß, dass du solch einen Platz bekommst, aber fragen kostet ja nichts.

Am Flughafen solltest du auf jeden Fall genug Zeit mit im Gepäck haben, damit du nicht in Stress gerätst, wenn du auf lange Schlangen am Check-In und an der Sicherheitskontrolle stößt. Man kennt es ja: Ist man eh schon gestresst, kommt immer alles zusammen – eine Garantie für noch mehr Adrenalin.

Trink lieber noch einen Kaffee am Flughafen oder schlendere durch die Duty-Free-Shops – einfach um schon mal die Reiseluft des Flughafens zu schnuppern und wenigstens keinen zeitlichen Stress zu haben.

Da du online schon eingecheckt hast, musst du nun natürlich deinen Koffer aufgeben, wenn du einen dabeihast. Begib dich in das Abflugterminal und frage am besten Personal, wo du genau hinmusst, um deinen Koffer loszuwerden. Ist das erledigt, geht es direkt zur Sicherheitskontrolle.

Tipp: Wenn es mehrere Schalter zum Einchecken oder Kofferaufgeben gibt und dementsprechend viele Menschenschlangen, stelle dich links an. Da die meisten Menschen Rechtshänder sind, stellen sie sich unterbewusst lieber rechts an. So musst du vielleicht nicht so lange anstehen. Oder nutze einen Automaten für die Gepäckaufgabe, wenn du dich damit auskennst.

Die Sicherheitskontrolle

Ein Mitglied meiner Flugangst-Facebook-Gruppe hat mich gebeten, das Thema Sicherheitskontrolle ein wenig näher zu beleuchten, da es schon zwei Mal Dinge mit im Handgepäck hatte, die da nicht drin sein sollten, und dementsprechend nochmal genauer „gefilzt" wurde, was sich nicht gerade förderlich auf seine Flugangst ausgewirkt hat.

Versuche, dein Handgepäck beim Packen einfach zu halten und nimm nichts mit, bei dem du dir nicht sicher bist, ob es erlaubt ist.

Was auf jeden Fall im Handgepäck sein sollte:

- Reisedokumente und andere wichtige Dokumente
- wichtige Medikamente
- Geld, Kreditkarten und alles, was einen hohen Wert hat (Schmuck etc.)

Was auf keinen Fall im Handgepäck sein sollte:

- Flüssigkeiten mit mehr als 100 ml (kleinere Packungen müssen sich in einem wiederverschließbaren 1-Liter-Beutel befinden)
- scharfe und gefährliche Gegenstände (z. B. Scheren, lange Nagelfeilen etc.)
- Feuerzeug oder Streichhölzer (sie müssen am Körper getragen werden)

Was ich dir rate, mit im Handgepäck dabei zu haben:

- ein aufblasbares Nackenkissen

- eine leere Wasserflasche (welche du dir hinter der Sicherheitskontrolle am Wasserspender auffüllen kannst)
- warme Socken zum Drüberziehen an Bord (bei Langstreckenflügen)
- einen großen Schal, falls es im Flugzeug zu sehr ziehen sollte
- nicht flüssige, nicht breiige Snacks (wie Obst, Nüsse etc.)

Wenn du genau wissen möchtest, was im Koffer und im Handgepäck transportiert werden darf, kannst du dich auf den Webseiten der Fluggesellschaften und des Flughafens genauer informieren.

Am besten bist du für die Sicherheitskontrolle vorbereitet, wenn du Kleidung trägst, an denen nicht allzu viel Metallisches hängt, Schuhe anhast, die du schnell aus- und anziehen kannst, kein Geld oder Schlüssel in den Hosentaschen hast und keinen Gürtel und keine Armbanduhr trägst.

Hab dein Flugticket griffbereit und zieh schon deine Jacke aus. Je nach Flughafen und Zufall kommst du entweder in den Ganzkörperscanner, bei welchem man die Arme für ein paar Sekunden hochhalten musst, oder du läufst durch den Metallscanner.

Es kommt oft vor, dass man im Nachhinein noch von einem Sicherheitsmitarbeiter manuell abgescannt wird.

Tipp: Lass dich nicht von den „Launen" der Sicherheitsmitarbeiter verunsichern. Viele von ihnen haben schon eine lange Schicht mit vielen gestressten Fluggästen hinter sich. Es gibt natürlich auch nette und lustige Mitarbeiter, aber die eher gedämpfte Laune kann ich teilweise auch verstehen bei diesem Job.

Laptops, Tablets und Handys musst du ohne Hülle in die Boxen an der Sicherheitskontrolle legen und darfst sie nicht mit Jacken oder Ähnlichem bedecken. Zukünftige Kontrollmethoden werden es erlauben, elektronische Geräte nicht mehr separieren und Sakkos nicht mehr ablegen zu müssen.

Anmerkung: Es kann auch vorkommen, dass man gebeten wird, sein Handgepäck zu öffnen, weil die Sicherheitsmitarbeiter irgendwas durch den Röntgenscanner nicht genau erkannt haben, oder man ist einfach bei einer Stichprobe ausgewählt worden. Wenn dir das also passiert (mir passiert es gefühlt ständig), weißt du, dass man dich nicht gleich als Bösewicht abstempelt. Das Ganze dient einfach der Sicherheit.

Bist du mit der Sicherheitskontrolle fertig, ist der nervigste Teil am Flughafen schon erledigt.

Im Sicherheitsbereich

Flughäfen sind in zwei Teile eingeteilt: die Landseite und die Luftseite. Das Terminal gehört zur Hälfte zur öffentlichen Landseite und zur anderen Hälfte zur Luftseite, zu welcher nur Fluggäste und Flughafenmitarbeiter Zutritt haben.

Jetzt befindest du dich in der Luftseite und schaust am besten noch einmal an den Anzeigetafeln, ob sich dein Abfluggate vielleicht geändert hat. Das kommt nämlich gar nicht so selten vor. Gründe dafür gibt es viele, zum Beispiel, dass das vorherige Flugzeug noch an diesem Gate geparkt ist oder die Parkpositionen der Flugzeuge optimiert wurde. Plane genug Zeit für den oftmals längeren Fußmarsch zum Flugsteig ein – auch hier gilt wieder die Devise: Stress vermeiden!

Am Gate

Es ist eigentlich immer dasselbe: Am Gate bildet sich eine lange Schlange an Menschen, die darauf warten, in das Flugzeug einsteigen zu können – lustigerweise lange bevor überhaupt zum Einsteigen aufgerufen wird. Manchmal stehen sogar schon Leute an, obwohl das Flugzeug noch gar nicht am Finger steht. Das ist eines der Phänomene, die mir noch niemand erklären konnte.

Mein Tipp ist deshalb, dass du dich ganz entspannt am Gate hinsetzt und beobachtest, wann sich die Schlange langsam auflöst und dich dann erst an das Ende der Schlange anstellst. So bist du eine der letzten Personen, die in das Flugzeug einsteigt, und du musst weniger Zeit im Flugzeug verbringen. Aufpassen solltest du dennoch bei den Ansagen für den Fall, dass zum Beispiel nach Sitzreihen eingestiegen wird.

Auf der Kurzstrecke wird meist ca. 30 Minuten vor Abflug mit dem Boarding begonnen und auf der Langstrecke 45 Minuten vorher. Steht das Flugzeug am Terminal, kommst du über eine Fluggastbrücke in das Flugzeug; steht es auf dem Vorfeld, fährt dich ein Bus zum Flieger und du steigst über Treppen ein.

Im Flugzeug

Angekommen im Flugzeug suchst du dir deinen Sitzplatz. Du findest ihn über die Sitzreihen und einen Buchstaben. Beispiel Sitznummer 28A: Sitz A ist immer am Fenster in Reihe 28. Auf dem Weg nach hinten findest du die „kleinen" Buchstaben, also A, B, C und so weiter, auf deiner rechten Seite; die „großen" Buchstaben D, E, F und vielleicht noch weitere sind links von dir.

Dein Handgepäck verstaust du in der Nähe deines Sitzes in den Fächern über den Sitzen oder unter dem Vordersitz, es sei denn, du sitzt in einer Notausgangsreihe. Dort dürfen kein Gepäck und keine Kleidungsstücke am Boden liegen, da bei einer (unwahrscheinlichen) Evakuierung der Fluchtweg freigeräumt sein muss.

Du setzt dich auf deinen Platz und schnallst dich an. Sitzen alle Fluggäste, zeigt die Crew die Sicherheitsanweisungen, oder es wird ein Film mit den Anweisungen abgespielt. Die Flugbegleiter laufen durch die Gänge und checken, ob alle Fluggäste angeschnallt sind und alles ordnungsgemäß verstaut ist.

Anmerkung: Oft fragen sich „Flugängstler", welcher Sitzplatz im Flugzeug am sichersten ist. Ich würde sagen:

in der Nähe eines Notausganges (der kann übrigens auch hinter einem sein).

Ist alles abflugbereit, setzt sich die Crew auf ihre Flugbegleiter-Sitze und es kann zum Runway (Startbahn) gehen.

Den Start erkläre ich dir in einem eigenen Abschnitt genauer, aber vorher beschreibe ich dir noch, was genau bei der Flugzeugabfertigung passiert.

Flugzeugabfertigung – Was machen Kabinen-, Cockpitbesatzung und das Bodenpersonal?

Die Kabinen- und Cockpit-Crew

Wir nehmen mal einen Langstreckenflug als Beispiel. Ca. zwei Stunden vor Abflug trifft sich die Crew in einem Meetingraum der jeweiligen Fluggesellschaft. Zuerst sind alle Mitglieder der Kabinencrew zusammen, um sicherheitsrelevante Situationen und Besonderheiten bei den Passagieren (z. B. Rollstuhlfahrer etc.) zu besprechen. Außerdem werden die Arbeitspositionen verteilt: Wer arbeitet in welcher Klasse?

Ein paar Minuten später kommen dann auch die Piloten in den Raum. Diese haben sich zuvor schon getroffen, um Flugrouten, Kerosin-Betankung und alles Sicherheitsrelevante zu besprechen. Sie informieren sich auch über den technischen Zustand des Flugzeugs und schauen sich die Wetterprognosen an.

Kerosin wird übrigens so betankt, dass mindestens genug vorhanden ist, um gegebenenfalls am Zielflughafen durchzustarten, bis zum nächstgelegenen Flughafen zu fliegen und noch 30 Minuten weiter. Dass zu wenig getankt wird, darüber brauchst du dir also keine Gedanken zu machen.

Die Piloten stellen sich dann der Kabinencrew vor und erklären die Flugroute, ob und wann Turbulenzen zu erwarten sind und nennen die berechnete Flugzeit. Übrigens steuert nicht immer der Kapitän das Flugzeug. Die Piloten wechseln sich von Flug zu Flug ab – einer steuert, der andere funkt und überwacht den steuernden Piloten. Die Flugzeugsysteme werden von beiden Piloten überwacht. Auf sehr langen Flügen können sogar drei oder vier Piloten an Bord sein, die sich gegenseitig abwechseln.

Dies schreibt der Gesetzgeber vor, um Ermüdung vorzubeugen.

Dann geht es auch schon los und die komplette Crew geht durch die Sicherheitskontrolle und fährt mit Bussen zum Flugzeug. Dort angekommen, gehen die Piloten in das Cockpit, um alle Systeme zu checken. Die Kabinencrew arbeitet Checklisten ab und prüft die Ausrüstung im jeweiligen Arbeitsbereich. Die Flugbegleiter kontrollieren alles sorgfältig und suchen das Flugzeug auch nach Dingen ab, die dort nichts zu suchen haben.

Einer der Piloten geht (auch bei Wind und Wetter) noch einmal um das Flugzeug herum, um einen Außencheck zu machen. Sind alle sicherheitsrelevanten Aufgaben erledigt, schaut die Kabinencrew, ob die Beladung von Essen und Getränken vollzählig ist.

Schnell ziehen sich die Flugbegleiterinnen noch mal den Lippenstift nach und dann kommen auch schon die ersten Gäste an Bord.

Die Fluglotsen

Die Fluglotsen überwachen sowohl den Verkehr auf dem Flughafen als auch die Flugzeuge im Luftraum. Ihre

Aufgabe ist es natürlich hauptsächlich, Zusammenstöße zu vermeiden, indem sie die Flugzeuge voneinander „staffeln", also dafür sorgen, dass sie entsprechende Abstände zueinander halten. Daneben müssen Fluglotsen auch einen geordneten Verkehrsfluss sicherstellen, damit es in der Luft nicht zu Verzögerungen kommt.

Während der direkte Verkehr auf dem Flugfeld sowie Starts und Landungen vom Tower am Flughafen kontrolliert werden, sitzen die Lotsen, die die Flugzeuge im Reiseflug kontrollieren, meist in einem Kontrollraum in Flughafennähe. Sie kontrollieren von dort aus manchmal auch weit entfernte Gebiete: So sitzen zum Beispiel die Fluglotsen, die den Berliner Luftraum regeln, tatsächlich in Bremen.

Da der Job ziemlich stressig ist, haben Fluglotsen großzügige Pausenregelungen und können in Deutschland bereits mit 55 Jahren in den Ruhestand gehen.

Die Gate-Mitarbeiter

Ohne die Kollegen am Flugsteig (Gate) könnte kein Flugzeug abheben. Die Gate-Mitarbeiter achten darauf, dass beispielsweise die Notausgänge nur mit Fluggästen besetzt werden, die in der Lage wären, die Notausgänge zu öffnen. Das wird von den Flugbegleitern an Bord auch noch mal kontrolliert, da sich Kunden auch die beliebten Notausgangsplätze (mit meist mehr Beinfreiheit) selbst buchen können. Außerdem kontrollieren die Gate-Mitarbeiter auch, dass nur Menschen an Bord gehen, die für diesen Flug ein Ticket haben. Sie helfen auch beim Wunsch nach einem anderen Sitzplatz.

Das Bodenpersonal eröffnet in Absprache mit dem Kapitän den Einsteige-Vorgang. Zuerst steigen meistens die Vielflieger sowie Business-Class-Gäste ein sowie die Gäste, die Hilfe benötigen (Gäste mit körperlichen Einschränkungen oder Gäste mit kleinen Kindern). Danach dürfen auch die Gäste der Economy-Class einsteigen – sofern es eine Fluggesellschaft mit mehreren Klassen ist.

Sobald alle Gäste eingestiegen sind, informieren die Kollegen vom Gate den Kapitän und Kabinenchef über die Anzahl der Fluggäste und das Gate wird geschlossen.

Das Abfertigungspersonal

Damit auch dein Koffer im selben Flugzeug wie du mitfliegen kann, brauchen wir natürlich auch Flughafenmitarbeiter, die das Gepäck verladen. Nachdem du deinen Koffer beim Einchecken abgegeben hast, wird dieser nahezu vollautomatisch zum Flugzeug befördert und wird dann von den „Loadern" in den Flugzeugbauch geräumt. Die Übersicht über das Ein- und Ausladen von Gepäck hat der „Rampagent" – dieser ist am Ende auch zusammen mit dem Kapitän dafür zuständig, dass alle Koffer an ihrem Platz sind. Dafür wird ein detaillierter Beladeplan erstellt.

Daneben brauchen wir zum Fliegen natürlich noch eine ganze Menge weitere helfende Hände, die unser Flugzeug mit allem nötigen versorgen: Tankwagenfahrer, Cateringfahrer, Frisch- und Abwasserfahrer und auch den Push-Back-Fahrer – das ist derjenige, der mit einem dicken Truck unser dutzende Tonnen wiegendes Flugzeug vom Flugsteig zurückschiebt.

Take-Off: So hebt ein Flugzeug ab

Vor dem Start

Ein Flugzeug ist nur wirtschaftlich, wenn es so wenig Zeit wie möglich am Boden verbringt. Somit wird ein Flugzeug nach der Landung so schnell es geht wieder für den Take-Off (Start) vorbereitet.

Die Kabine wird gereinigt und mit neuen Lebensmitteln bestückt, das Kerosin wird aufgetankt und vielleicht kommt auch eine neue Crew an Bord. Die Flugbegleiter checken die Kabine und schauen, ob alles notwendige Equipment an Bord ist. Die Piloten machen ihren „Preflight Check" und „Outside Check", das heißt, sie füttern die Flugzeugcomputer mit den Flugdaten und machen einen Sichtcheck draußen am Flugzeug.

Sind alle Gäste an Bord, wird vor dem Anlassen der Triebwerke wieder eine Checkliste abgearbeitet. Unter anderem müssen alle Flugzeugtüren auf „Flight" (Reiseflug-Modus) umgestellt sein, die Gäste müssen angeschnallt sitzen und es werden noch weitere Flugzeugdaten berechnet und überprüft.

Sobald die Türen des Flugzeugs verschlossen sind, die Treppen oder Brücken abgezogen wurden und die Cockpitcrew das „Go" von den Fluglotsen bekommen hat, werden an den Flugzeugreifen die Bremsklötze abgezogen und das Flugzeug wird mittels eines starken Schleppfahrzeugs vom Terminal zurückgeschoben. Danach rollt das Flugzeug aus eigener Kraft in Richtung Startbahn.

Rollen zur Startbahn

Rollt das Flugzeug Richtung Startbahn, dürfen die Flugbegleiter nur noch sicherheitsrelevante Aufgaben erfüllen. Falls du dich also mal gefragt hast, warum dir der Flugbegleiter während des Rollens kein Wasser bringen wollte, dann schlichtweg, weil er es zu diesem Zeitpunkt nicht darf.

Beim Rollen in der Kabine herumzustehen ist nämlich ziemlich gefährlich. Auf dem Flughafen ist ganz schön viel Verkehr. Selbst wenn das Flugzeug „nur" mit 30 km/h rollt, kann es durch seine guten Bremsen extrem schnell zum Stillstand kommen, wenn der Pilot plötzlich bremsen muss. Selbst mich hat es im Flugzeug mal umgehauen, weil einer der Piloten eine Vollbremsung hingelegt hat.

Vor der Startbahn werden beim Rollen auch noch einige technische Dinge getestet. Achte mal beim Rollen auf die Tragflächen: Unter Umständen bewegen sich dort einige Klappen, mit welchen die Piloten die Steuerung testen. Manchmal findet dieser Test auch vor dem Losrollen statt.

Sobald alles gesichert ist und sich die Crew auch angeschnallt auf ihren Flugbegleiter-Sitzen befindet, meldet der Purser (Kabinenchef) die Kabine klar (abflugbereit).

Die Piloten dürfen nicht starten, bevor die Kabine „klar gemeldet" ist. Auf kleineren Flugzeugen geben sich die Flugbegleiter ein Zeichen von hinten nach vorne zum Purser (Kabinenchef, der meistens an der vordersten linken Tür sitzt), oder es werden per Knopf oder per Anruf über das interne Kommunikationssystem die jeweiligen Bereiche klar gemeldet. Deshalb: Auch wenn du aufgrund deiner Flugangst das Gefühl hast, du müsstest dringend auf die Toilette oder nach den Flugbegleitern rufen – kurz vor dem Start und kurz vor der Landung ist der denkbar schlechteste Moment dafür.

Ist das Flugzeug dann an der Startbahn angekommen, bedarf es einer Startfreigabe seitens des Towers.

Auf der Startbahn

Hat das Cockpit die Starterlaubnis vom Tower erhalten, gibt der Pilot „Gas" und fährt die Triebwerke hoch. Das Flugzeug wird durch die Triebwerke auf eine Geschwindigkeit zwischen 250 und 345 km/h beschleunigt. Die Luft, die unter den Tragflächen entlangströmt, drückt das Flugzeug nach oben, und die

Luft, die über die Tragflächen strömt, zieht den Flieger nach oben – die Tragflächen sind leicht gewölbt, sodass dieser physikalische Effekt entsteht.

Du wirst den Start spüren und hören. Stell dir dabei vor, dass du in einem Ferrari sitzt, welcher aus dem Stand Vollgas gibt – so ungefähr fühlt es sich an.

Zuerst hebt sich die „Nase des Fliegers" (das Bugrad) nach oben und dann die hinteren Räder. Dann ist das Flugzeug in der Luft und befindet sich im sogenannten „Climb" (Steigflug). An großen Flughäfen wird ein Steigwinkel von ca. 20 Grad während des Take-Offs eingenommen, um den Luftraum nahe dem Flughafen schnell frei zu bekommen und die Lärmbelästigung der Anwohner am Flughafen gering zu halten.

Weiter oben in der Luft wird dieser Winkel dann immer kleiner. Die Notausgangsbeleuchtung wird abgeschaltet und der Purser (Kabinenchef) beginnt mit seinen obligatorischen Ansagen. Nun bekommen die Fluggäste die Information, dass man während des gesamten Flugs verpflichtet ist, angeschnallt zu bleiben, wenn man sich auf dem Sitz befindet; das aus dem einfachen Grund, dass es immer zu unerwarteten Turbulenzen kommen kann und man so einfach sicherer ist.

Auf der Langstrecke dauert der Steigflug deutlich länger als auf der Kurzstrecke, da die Langstreckenflugzeuge schwerer sind und deshalb länger für den Steigflug auf ihre Reiseflughöhe brauchen. Spätestens wenn die Reiseflughöhe („Cruise") erreicht ist, schalten die Piloten die Anschnallzeichen aus und die Crew beginnt mit den Service-Vorbereitungen.

Wenn du in der Nähe eines Flugbegleiters sitzt und diesen vor dem Start beobachtest, wirst du ihn meist sehr konzentriert erleben, denn als Flugbegleiter geht man kurz vor dem Abflug gedanklich nochmal alle Verfahren durch, die man beherrschen muss. So ist sichergestellt, dass im Ernstfall in Sekundenschnelle richtig reagiert wird.

Macht der Autopilot den Start?

Der Start wird immer vom Piloten durchgeführt. Das ist nicht zwangsläufig der Kapitän, es kann auch der Copilot sein, der den Take-Off übernimmt. Der Autopilot kann den Start gar nicht übernehmen, da der Computer gar nicht alle Dinge mit einberechnen kann – zum Beispiel kann er keine Hindernisse auf der Piste erkennen.

Landungen werden jedoch öfter vom Autopiloten durchgeführt. In normalen Fällen landen die Piloten „von Hand", aber wenn die Sicht zu schlecht ist, landet der Autopilot das Flugzeug.

Die automatische Landung wird aber nur gemacht, wenn es unbedingt nötig ist, da dann der Abstand zu anderen Flugzeugen und Fahrzeugen im Luftraum und auf dem Flughafen vergrößert werden muss und somit der Flugverkehr verlangsamt wird.

Die verschiedenen Flugphasen

Ein Flug lässt sich in folgende Flugphasen einteilen:

- Das Rollen am Flughafen (taxiing)
- Der Start und das Abheben (Take-Off & initial climb)
- Der Steigflug (climb)
- Der Reiseflug (cruise)
- Der Sinkflug (descent)
- Der Landeanflug (approach)
- Der Endanflug (final approach)
- Die Landung (landing)

Woher kommt das komische Gefühl beim Start?

Wie ich dir gerade schon erklärt habe, braucht das Flugzeug 250 bis 345 km/h, um abheben zu können. Da die Startbahnen von Flughäfen nicht unendlich lang gebaut werden können, wird diese Geschwindigkeit nicht langsam erreicht, sondern es wird „Vollgas" gegeben.

Du spürst also den Schub wie beim Beschleunigen mit einem Sportwagen. Auch da hat man eine Art Kribbeln im Bauch. So starkes Beschleunigen kennen nur Fahrer von Autos mit hunderten Pferdestärken, aber du kannst es dir bestimmt vorstellen. Manche beschreiben es auch wie ein Gefühl ähnlich wie in einer Achterbahn – aber keine Sorge, Verkehrsflugzeuge können keine Loopings fliegen.

Ist die benötigte Geschwindigkeit erreicht, hebt das Flugzeug ab; man ist in der Luft und steigt mit ungefähr 20 Grad in den Himmel. Was mit dem Geodreieck auf ein Blatt Papier gemalt ziemlich unspektakulär aussieht, kann sich, wenn man es nicht gewohnt ist, im Flugzeug selbst schon ein wenig komisch anfühlen, weil man eben den Boden verlässt und sich nun in einem neuen Element, der Luft, befindet. In dieser niedrigen Flughöhe kann es auch ein wenig wackeln. Aber Gewackel gehört zum Fliegen einfach dazu.

Das Thema Turbulenzen erkläre ich dir in einem späteren Kapitel noch genauer, denn nun sage ich erstmal ein paar Worte über die Landung.

Die Landung

Nachdem ein Flugzeug seine Reiseflughöhe verlässt, geht es über in den Sinkflug. Du siehst, wie du den Wolken immer näherkommst und wie sie durchflogen werden.

Wahrscheinlich wirst du auch die Veränderung des Luftdrucks in der Kabine spüren. Manche Menschen neigen dazu, dann Ohrenknacken zu bekommen. Wenn du aber nicht erkältet bist oder keine Nebenhöhlen-Erkrankung hast, sollte das nicht schmerzhaft sein. Ich halte mir dann immer die Nase zu und schnaube bis die Ohren knacken. „Valsalva-Manöver" nennt man das.

Die Piloten machen eine Ansage, dass sie sich nun für den Landeanflug vorbereiten, und verabschieden sich manchmal schon bei den Gästen. Ab dann herrscht Ruhe im Cockpit: Die Piloten dürfen jetzt nur noch

Flugrelevantes besprechen und die Flugbegleiter sollen das Cockpit nur bei sicherheitsrelevanten Notfällen anrufen.

Es wird sich auf die Landung konzentriert, auch wenn der Pilot schon 1000 Mal gelandet ist.

Die Notausgangsbeleuchtung wird eingeschaltet und der Landeanflug beginnt. Die Flugbegleiter checken in der Kabine, ob alle Gäste angeschnallt sind, ob alle Tischen nach oben geklappt worden sind, dass die Notausgangsreihen frei von Gepäck und die Fensterblenden oben sind. Sie sichern alle Service-Wagen in den Bordküchen und setzen sich auf ihre Flugbegleitersitze.

Das Flugzeug geht in den Endanflug und es folgt das Aufsetzen (touchdown). Eine etwas unsanfte Landung muss nicht automatisch schlecht sein – vor allem bei einer nassen Landebahn. Kommt das Flugzeug etwas härter auf, bekommen die Räder schnelleren und besseren Griff auf dem Boden zum Bremsen.

Sobald die Räder Bodenkontakt haben, werden an der Oberseite der Tragflächen die Spoiler ausgefahren. Das sind Klappen, die sich nach oben stellen, durch den Luftwiderstand wird das Flugzeug abgebremst. Die Spoiler drücken das Flugzeug außerdem aerodynamisch Richtung Boden, damit die Räder genug Bodenkontakt haben, dass die Radbremsen effektiv abbremsen können.

Das Hauptfahrwerk berührt zuerst den Boden, dann setzt das Bugfahrwerk vorne auf. Sobald das Bugfahrwerk Bodenkontakt hat, aktivieren die Piloten die Schubumkehr, die dafür sorgt, dass der Schub der Triebwerke teilweise nach vorn umgelenkt wird und so das Flugzeug noch mehr abgebremst wird. Nun rollt das Flugzeug aus, verlässt die Landebahn und rollt Richtung Parkposition.

Wie gesagt, eine härtere Landung ist sogar eine gute Landung. Auch wirst du das starke Bremsen spüren. Hast du einen Kuli unter dem Sitz verloren, wird dieser sicherlich ein paar Meter weiter durch die Kabine nach vorne kullern durch das Bremsen. Aber das ist gut so, denn das Flugzeug soll ja schnell und effektiv zum Stillstand kommen.

Nach dem Flug

Nachdem das Flugzeug gelandet ist, erlebe ich auf jedem Flug dasselbe: Das Flugzeug kommt zum Stehen und sofort springen 99 % aller Fluggäste auf und holen ihr Gepäck aus den Gepäckfächern.

Dabei ist es wichtig, darauf zu warten, dass die Anschnallzeichen ausgehen, denn es kann sein, dass das Flugzeug noch gar nicht an der Parkposition angekommen ist, sondern nur wegen eines kreuzenden Flugzeugs am Boden stoppen musste.

Wie ich zuvor schon erwähnt habe, ist es ziemlich gefährlich, im Flugzeug herumzustehen, wenn es noch rollt. Also müssen wir Flugbegleiter eine Ansage machen und die Gäste bitten, sich wieder zu setzten. Ansonsten dürfen die Piloten nicht weiterrollen und alles verzögert sich umso mehr.

Je nach Flughafen kann das Rollen zur Parkposition auch ziemlich lang dauern. In Frankfurt am Main rollt man gut und gerne 15 Minuten.

Warum 99 % aller Fluggäste sofort aufspringen, sobald das Flugzeug hält, kann daran liegen, dass sie vielleicht einen knappen Anschlussflug haben oder einfach nur aus der engen Metallröhre rauswollen. Aber es bringt nichts: Solange die Tür nicht geöffnet ist, wird es nicht vorwärtsgehen.

Mein Tipp ist daher, ganz gemütlich sitzen zu bleiben, bis überhaupt Bewegung in die Schlange kommt, denn der Aussteige-Vorgang kann auf kleinen Flugzeugen auch 10 bis 15 Minuten dauern – auf Großraumflugzeugen noch deutlich länger.

Zuerst muss die Fluggastbrücke an das Flugzeug herangefahren und freigegeben werden, dann werden die Türen geöffnet und dann erst steigen die Menschen aus, die am nächsten an den Türen saßen, an denen ausgestiegen wird.

Am Gate sind das meist ein bis zwei vordere linke Türen, auf einer Außenposition die vorderste linke und die hinterste linke Tür.

Die Menschen stehen also minutenlang im Gang herum, bis sie überhaupt Richtung Ausgang laufen können. Tu dir das nicht an und warte auf deinem Sitzplatz, bis sich die Schlange bewegt.

Sobald du ausgestiegen bist, musst du dich zur Gepäckausgabe (Baggage Claim) begeben. Nicht aus Versehen Richtung Ausgang laufen, denn dann kommst du meist nicht mehr an dein Gepäck! Hast du deine Koffer eingesammelt, begibst du dich Richtung Ausgang (Exit).

4. Technik und Wissenswertes über Flugzeuge

So sicher sind Flugzeuge: Wartung und Instandhaltung

Auch wenn ich weiß, dass Statistiken den meisten „Flugängstlern" nicht helfen, möchte ich trotzdem mal kurz erwähnen, wie sicher das Fliegen ist:

Nach Angaben der „Internationalen Zivilluftfahrt-Organisation" ICAO müsste ein Mensch eine Strecke von vier Milliarden Kilometern fliegen, um ein Flugzeugunglück zu erleben. Das sind 100.000 Flüge um die Welt oder 14 Mal zur Sonne und zurück.

Ich selbst habe zusammengezählt insgesamt mehr als sechs Monate im Flugzeug verbracht und habe noch nie eine kritische Situation erlebt!

Aber da man ja bekanntlich keiner Statistik glauben soll, die man nicht selbst gefälscht hat, widmen wir uns jetzt den Flugzeug-Checks.

Sicherheits-Checks des Flugzeugs durch Piloten und Techniker

Wie zuvor gesagt, überprüfen die Piloten vor jedem Flug die Systeme und machen einen Außencheck – selbst wenn sie mit dem gleichen Flugzeug gerade eben schon geflogen sind. Außerdem überprüfen Techniker regelmäßig zusätzlich noch einiges: Öl-Stand, Hydraulikflüssigkeit, Zustand der Reifen, Bremsen, etc. Diese Checks, die vor jedem Langstreckenflug stattfinden, heißen Trip Checks.

Wenn vor dem Flug festgestellt wird, dass ein System nicht funktioniert, werfen die Piloten gemeinsam mit den Technikern einen Blick in die „Minimum Equipment List", die genau dokumentiert, welche Systeme unbedingt funktionieren müssen. Wird das defekte System dort aufgeführt, muss es vor dem Flug repariert werden.

Darüber hinaus gibt es noch die A- bis D-Checks:

A-Check: ca. alle zwei Monate, alle Systeme werden gecheckt und die Kabine wird gewartet.

B-Check: ein aufwendigerer Check alle drei bis sechs Monate. Wartung der Elektronik und innere Wartung.

C-Check: Alle 15 bis 18 Monate wird ein sehr gründlicher Check des Flugzeugs durchgeführt, welcher insgesamt ca. ein bis zwei Wochen dauert.

D-Check: Alle sechs bis zehn Jahre wird das Flugzeug komplett auseinandergenommen und bis auf die letzte Schraube geprüft (auch durch Einsatz von Röntgenstrahlen). Das Ganze dauert vier bis sechs Wochen und kostet mehrere Millionen Euro. Danach ist der Flieger quasi „wie neu".

Klingeln im Flugzeug – Was es bedeutet und noch mehr

Was bedeuten diese ganzen Klingeltöne an Bord?

In den meisten Fällen bimmelt es an Bord, weil sich die Crew gegenseitig anruft. So nach dem Motto: „Hey Kollege, hast du vorne noch mehr Cola, ist uns hinten ausgegangen?" Auch das Drücken des Flugbegleiter-Knopfs an deinem Sitz verursacht einen akustischen Hinweis, genau wie das Einschalten der Anschnall-Zeichen.

Menschen mit Flugangst haben oft ein mulmiges Gefühl, wenn sie irgendwelche Töne hören. Aber das braucht man nicht zu haben, denn das Klingeln im Flugzeug hat einfach den Zweck, die Flugbegleiter und theoretisch auch die Gäste auf etwas hinzuweisen.

Es gibt auch Flugzeugmuster, wo der Flugbegleiter-Knopf in den Armlehnen zu finden ist. Wenn ein Fluggast sich dort mit dem Ellenbogen auflehnt oder ein Kind dran spielt, kommt es zu einem häufigen DING DING DING – auch kein Grund zur Besorgnis.

Wozu ist der Flugbegleiter-Knopf da?

Man darf diesen Knopf zum Klingeln im Flugzeug zu jeder Zeit und aus jedem Grund nutzen. Ob es nun darum geht, dass du noch ein weiteres Glas Wasser bestellen möchtest, oder weil du Kopfschmerzen oder Flugangst hast, oder weil es dir oder einem anderen Fluggast schlecht geht – klingeln im Flugzeug ist nichts Verbotenes, auch wenn manch ein Passagier vielleicht ein wenig Zurückhaltung übt, den Knopf zu drücken.

Wir Flugbegleiter sind dazu da, dass du…

- sicher am Reiseziel ankommst. (Wir sind die Augen, Ohren, Nasen und Hände für die Cockpit-Crew innerhalb der Kabine und können jedes denkbar gefährliche Szenario sofort professionell bearbeiten.)
- dich an Bord wohlfühlst. (Service und Hilfsbereitschaft)
- gesund deine Flugreise meisterst. (Wir sind sehr gut in Erster Hilfe und lebenserhaltenden Maßnahmen ausgebildet; sogar Geburtshilfe können wir leisten.)

Deswegen solltest du dich nie scheuen, im Flugzeug zu klingeln. Und wenn es etwas extrem Dringendes ist, steh auf und geh direkt zu einem Flugbegleiter, oder schicke einen anderen Fluggast, wenn du es nicht schaffst!

Warum dauert es manchmal so lange, bis ein Flugbegleiter das Klingeln im Flugzeug beantwortet?

Wir sind als Crew darauf bedacht, jedes Klingeln im Flugzeug so schnell wie möglich zu erledigen. Warum es manchmal länger dauert, als du es dir wünschst, kann an folgendem Grund liegen:

Wir sind gerade im Service. Wenn wir mit unseren Essens- und Getränkewagen in der Kabine stehen, können wir meist kein akustisches Signal hören, wenn ein Gast uns ruft. Wir hören und sehen dieses Signal nur nahe unseren Flugbegleiter-Stationen an den Notausgangstüren, wo wir auch zu Start und Landung sitzen, oder in den Küchen.

Warum das so ist, kann dir der jeweilige Flugzeug-Hersteller besser erklären. Ich vermute, dass es damit zu tun hat, dass die Hersteller davon ausgehen, dass zum Beispiel medizinische Notfälle auch von Sitznachbarn erkannt werden können, die dann auch verbal oder optisch die Crew informieren können. Wir sind in diesem Fall sichtbar in der Kabine unterwegs und können bei Bedarf schnell helfen.

Auch andere Situationen kann es geben: Speziell auf Langstreckenflügen kommt es ab und an mal vor, dass wir einen medizinischen Vorfall an Bord haben, welcher natürlich schnellen Handlungsbedarf verursacht. Wenn nun jemand den Flugbegleiter-Knopf drückt und fröhlich einen Film guckt (und das sehen wir auch beispielsweise von hinten, ohne dass man es als Fluggast bemerkt), dann wird die Crew natürlich erst einmal dem Notfall Priorität geben.

Das heißt jedoch nicht, dass die Crew den Rest der Gäste vernachlässigt! Es kann ja theoretisch auch zu zwei medizinischen Notfällen gleichzeitig kommen oder andere Dinge geben, die wichtig sind für das Wohlbefinden der Gäste. Also bitte scheue dich nie, im Flugzeug zu klingeln.

Woran erkennt die Crew, woher das Klingeln im Flugzeug kommt?

In den Küchen und bei den Flugbegleiter-Stationen haben wir kleine Anzeigen, die uns die Sitzplatznummer anzeigen. Außerdem blinkt oder leuchtet der Knopf am betreffenden Sitz je nach Flugzeugmuster und abhängig davon, ob man sich noch am Boden oder in der Luft befindet.

Das einzige Klingeln, was relativ aufdringlich ist, wird bei einer Rauchmeldung automatisch losgehen. Es kommt nämlich doch ab und zu mal vor, dass jemand heimlich auf der Toilette raucht oder dass ein Sprüh-Deodorant den Rauchmelder in den Toiletten auslöst. Die Flugbegleiter kümmern sich in Windeseile darum und schalten das nervige Warnsignal auch schnell wieder aus. Übrigens:

Rauchen an Bord bringt empfindliche Strafen mit sich – das solltest du also niemals versuchen.

Aufstehen kann sich auch lohnen

Nehmen wir mal an, dass du dich auf einem langen Nachtflug befindest und gern noch ein Getränk hättest. Wenn deine Sitznachbarn wach sind oder du am Gang sitzt, könntest du auch selbstständig zur Bordküche gehen, wo Wasser, Säfte und Knabberkram meist ausgestellt sind.

Die Bewegung tut dem Körper gut und vermindert die Thrombose-Gefahr. Vielleicht triffst du ja auch auf einen Flugbegleiter, der gern mit dir ein Pläuschchen hält und dir noch mehr zur Fliegerei erzählen kann.

Ansagen im Flugzeug

Ansagen für die Gäste und Kommandos an die Crew

Es gibt zwei Arten von Ansagen in einem Flugzeug: die Ansagen für die Gäste und die Ansagen zur Kommunikation innerhalb der Crew.

Gerade die zweite Art der Ansage, nämlich kurze, englische Ansagen, verunsichern viele Flugängstler. Sie verstehen die Ansagen nicht, bemerken eine andere Tonwahl (eher auffordernd) und fragen sich, ob etwas

Besonderes vor sich geht. Dabei sind dies Ansagen beziehungsweise Kommandos, die auf jedem Flug stattfinden (müssen).

Damit du einen kleinen Einblick in die Crew-Ansagen bekommst, nenne ich dir hier ein paar Beispiele (die Ansagen können je nach Fluggesellschaft etwas anders formuliert sein):

„Cabin attendants – all doors in flight (and cross check)"

Diese Ansage bedeutet, dass der Einsteige-Vorgang beendet ist und die Türen des Flugzeugs nun geschlossen werden. Diese Ansage fordert uns Flugbegleiter auf, alle Flugzeugtüren in „flight" zu stellen. Die Türen werden also in den „Flugmodus" gestellt. Das bedeutet beispielsweise, dass beim Öffnen dieser Türen die Notrutschen automatisch aufblasen würden.

Übrigens, zur Beruhigung: Flugzeugtüren kann man während des Fluges nicht öffnen. Sie gehen immer entgegen der Flugrichtung auf und der Druck und die Fahrtwinde würden es unmöglich machen, sie zu öffnen.

Das umgekehrte Kommando nach der Landung lautet „**All doors in park**" (Parkmodus, die Türen lassen sich ohne Notrutsche normal öffnen).

„**Cross check**" ist eine Aufforderung, dass man als Flugbegleiter nicht nur eine Tür in Flight oder Park umstellen soll, sondern auch die gegenüberliegende Tür umstellen muss. Das ist meist auf Kurzstreckenflügen der Fall, weil es auf kleineren Flugzeugen eine geringere Anzahl von Flugbegleitern gibt.

„Please prepare for departure"

Wer Englisch versteht, kann sich denken, was diese Ansage bedeutet. Der Kapitän hat die Startfreigabe bekommen und die Crew weiß, dass das Flugzeug gleich zum Starten beschleunigt wird.

Natürlich gibt es noch einige Ansagen mehr, aber ich finde es reicht, wenn du dir merkst, dass die kurzen, englischen Ansagen nur der Crew gelten und du dir keine Sorgen machen musst, dass es sich um etwas Gefährliches handelt.

Die Crew sagt keine „Geheimcodes" über das Ansagesystem. Wenn es etwas Sicherheitsrelevantes gibt, wird dies auch den Gästen per Ansage mitgeteilt – auch in den sehr unwahrscheinlichen Situationen wie Rauch, Feuer, Druckabfall etc. Es gibt keine Geheimniskrämerei den Gästen gegenüber, wenn es die Sicherheit der Gäste betrifft.

Flugrouten von Flugzeugen

Flugzeuge fliegen keine direkte Linie von Flughafen zu Flughafen, sondern fliegen auf sogenannten Luftstraßen von Punkt zu Punkt. Diese Punkte sind jedoch fast so angeordnet wie eine direkte Linie, um Kerosin zu sparen. Auf der Flugkarte im Bordunterhaltungssystem sehen diese Strecken meistens sehr gebogen aus – da die Erde jedoch eine Kugel ist, ergibt diese gekrümmte Strecke tatsächlich fast die kürzeste Strecke zwischen Start- und Zielort.

Der Luftverkehr wird von Fluglotsen überwacht, die darauf achten, dass Flugzeuge auf derselben Flugroute sich nicht mehr als fünf Meilen, knapp neun Kilometer nähern.

Den einzelnen Flugzeugen wird außerdem eine Flughöhe zugeteilt, das Flight Level. Die Flight Level sehen beispielsweise so aus:

- FL350 (35.000 Fuß = 10.670 m)
- FL270 (27.000 Fuß = 8.230 m)

Die geraden Flight Level werden über dem Atlantik immer von Flugzeugen genutzt, die Richtung Westen fliegen, die ungeraden Richtung Osten. Der Abstand nach oben und unten zwischen zwei Flugzeugen, die sich auf derselben Route treffen, ist mindestens 300 Meter.

Haben Flugzeuge Verspätung oder herrscht zu viel Verkehr am Flughafen (in New York oder London ist dies an der Tagesordnung), muss ein Flugzeug in niedriger Höhe Warteschleifen fliegen, bis es zur Landung dran ist.

Das Ganze ist nur ein kleiner Überblick, denn es reicht, wenn du weißt, dass es ein festes System der Flugrouten gibt und Piloten nicht einfach geradlinig und blind losfliegen.

Dazu hat das Cockpit Systeme, die die Piloten warnen, wenn ein anderes Flugzeug sich zu sehr nähert. Zudem sind die Piloten im ständigen Funkaustausch mit anderen Flugzeugen und Bodenstationen.

Wichtige Systeme im Flugzeug sind mindestens doppelt vorhanden

Redundanz ist das zusätzliche Vorhandensein von funktional gleichen Systemen oder Ressourcen, welche im Normalbetrieb nicht benötigt werden. Verkehrsflugzeuge sind „redundant" ausgelegt, was bedeutet, dass jedes wichtige System mindestens zweimal vorhanden ist.

Die Fliegerei ist so sicher, da nie „auf Risiko" geflogen wird. Fällt also ein wichtiger Bestandteil aus, springt ein anderer ein. Das betrifft die Triebwerke, alle Systeme und Computer, die zum Fliegen benötigt werden. Und natürlich trifft das auch auf die Piloten zu – selbst wenn ein Pilot während des Fluges erkrankt, kann der andere das Flugzeug alleine landen.

Durchstarten

Durchstarten („Go-around") bedeutet, dass ein Flugzeug den Landeanflug abbricht und wieder in den Steigflug übergeht; es kann auch zu einem „touch and go" kommen, bei welchem das Flugzeug kurz auf der Landebahn aufkommt und wieder abhebt. Ob ein Durchstarten bei der Landung nötig ist, entscheiden entweder die Fluglotsen oder die Piloten selbst.

Da Durchstarten gar nicht so selten vorkommt, es aber trotzdem eine unerwartete Situation ist, haben viele Menschen Bedenken, diese Situation zu erleben. Jedoch dient ein Durchstarten der Sicherheit und bedeutet keine größere Gefahr.

Gründe dafür können Hindernisse auf der Landebahn sein (z. B. Tiere oder ein anderes Flugzeug), Scherwinde auf der Landebahn, schlechte Sichtverhältnisse und einiges mehr.

Das Durchstarten wird nicht als Zwischenfall bewertet, also solltest du es auch nicht tun, auch wenn es überraschend ist. Danach wird noch eine Platzrunde geflogen und gegebenenfalls auf einer anderen Landebahn gelandet, falls das Durchstarten an den Windverhältnissen lag.

Die Lage der Start- und Landebahnen wird beim Bau des Flughafens übrigens den lokalen Windverhältnissen angepasst. Gestartet und gelandet wird immer gegen den Wind, um beim Start den größtmöglichen Auftrieb und beim Landen den Gegenwind als Bremsfaktor zu haben.

Großraumflieger versus Propellermaschine

Großraumflugzeuge fühlen sich für viele Fluggäste sicherer an als kleinere Propellermaschinen, obwohl sie genauso betriebssicher sind wie die großen Flieger. Auf Propellermaschinen kann es tendenziell mehr wackeln, weil sie auf einer niedrigeren Flughöhe fliegen als die großen Jets. Außerdem vibrieren die Propeller mehr als die Düsentriebwerke. Diese Dinge können das Gefühl aufkommen lassen, dass Propellerflugzeuge unsicherer sind – sie sind allerdings genauso sicher wie Großraumflieger, und die Besatzungen sind auch genauso gut geschult.

Sind „Billig-Airlines" unsicher?

Schnell kommt man auf den Gedanken, dass „billig" nicht gut ist, also in unserem Fall „billig" oft als unsicher empfunden wird. Aber ist das wirklich so?

Die Antwort ist ganz kurz und knapp: nein. Aber sicherlich möchtest du wissen, warum Low-Cost-Carrier genauso sicher sind wie teure Airlines.

Sparen „Billig-Airlines" an der Sicherheit?

Auch hier lautet die Antwort: nein. Jede Fluggesellschaft und jedes einzelne Flugzeug, welches in Europa landen und starten darf, müssen die Sicherheitsbestimmungen für den Passagierflugverkehr einhalten – ohne Wenn und Aber!

Die Europäische Agentur für Flugsicherheit (European Aviation Safety Agency, kurz: EASA) hat die Aufgabe, die Sicherheit und den Umweltschutz der zivilen Luftfahrt in Europa zu gewährleisten.

Demnach kannst du also zumindest innerhalb Europas sicher sein, dass alle Fluggesellschaften, die hier landen und starten, die strengen Sicherheitsbestimmungen einhalten (müssen). Dies betrifft nicht nur das Flugzeug selbst, sondern auch die Flugbegleiter- und Piloten-Ausbildung.

Weltweit gelten Mindeststandards, die von der „Internationalen Zivilluftfahrt-Organisation" bestimmt werden.

„Billig-Airlines" haben jüngere Flotten

Das Durchschnittsalter von Flugzeugen der kostengünstigen Fluggesellschaften ist deutlich jünger als das der „etablierten". Hier muss ich aber auch betonen, dass ältere Flugzeuge nicht unsicherer sind als neuere Maschinen. Der einzige Unterschied ist, dass bei älteren Flotten mal (flugtechnisch-irrelevante) Dinge eher ersetzt werden müssen – beispielsweise die Innenbeleuchtung oder die Klimaanlage.

Fliegen „billig" versus „hochwertig"

Mein Arbeitgeber zählt nicht zu den Low-Cost-Carriern, aber auch ich bin mit diesen schon privat geflogen. Mir persönlich sind keine Mängel in der Sicherheit aufgefallen, aber umso mehr habe ich mich doch geärgert, welche „versteckten" Kosten auf mich zukamen.

Gerade wenn man öfter mit dem Flugzeug unterwegs ist, stellt man große Unterschiede fest. Wenn man mit einer „hochwertigen" Airline unterwegs ist, bekommt man beispielsweise schneller Hilfe bei einem verpassten Anschlussflug und genießt einen viel besseren Service am Flughafen und an Bord. Denn das ist genau der Punkt, warum „Billig-Airlines" so günstige Tickets verkaufen können – sie sparen am Fluggast-Service!

Wenn du aber an Flugangst leidest, dann empfehle ich dir, darüber nachzudenken, ob dir ein guter Service wichtig ist. Denn Flugverspätungen, verpasste Anschlussflüge und verlorene Gepäckstücke sind Szenarien, die in der Fliegerei ständig vorkommen.

Wer an Flugangst leidet, sollte in diesen Fällen einen guten Service erfahren und eine schnelle Problemlösung bekommen, um seine Nerven nicht noch mehr zu strapazieren.

„Billig-Airlines" sind also nicht unsicherer als teure Airlines, jedoch wird an jeder anderen Ecke gespart. Eine serviceorientierte Airline vermittelt Flugangst geplagten Menschen mehr Sicherheit, als es ein Low-Cost-Carrier je kann.

Geräusche, Gerüche und andere Wahrnehmungen

Innerhalb der Kabine sind wir Flugbegleiter sind die Augen, Ohren, Nasen und Hände der Piloten, da diese während des Fluges nicht in die Kabine kommen dürfen.

Unsere Sinne sind zu jeder Zeit sehr aufmerksam und wir melden dem Cockpit, wenn wir etwas hören, sehen, riechen oder fühlen, was uns merkwürdig vorkommt. Falls dir als Fluggast etwas komisch vorkommt, sprich die Crew an und sie klärt es ab oder erklärt dir, woher das kommt.

Verschiedene Geräusche der Triebwerke sind normal

Wenn es mal in der Kabine leiser wird, heißt das nicht, dass die Triebwerke ausgefallen sind. Es wurde lediglich etwas Schub reduziert. Die Geräte im Cockpit zeigen jede noch so kleine Abweichung der Funktionalität und Temperatur der Triebwerke an.

Auch im Reiseflug wird mal höher oder niedriger, langsamer oder schneller geflogen, um anderen Flugzeugen „Platz" zu machen. Je nach Flugzeugmuster hören sich die Geräusche des Triebwerks anders an.

Mach dir also keine Sorgen, wenn die Triebwerke mal leiser und mal lauter sind. Auch wenn es nach der Landung nochmal etwas „grummelt", dann ist dies nur der Umkehrschub, der zum Abbremsen des Flugzeugs benötigt wird.

Gerüche und andere Sinneswahrnehmungen

Im Flugzeug riecht es meiner Meinung nach immer komisch. Gerade auf der Langstrecke in einer vollen Economy-Class riecht man die Menschen und das Bordessen. Aber melde auch hier den Flugbegleitern, wenn dir etwas „stinkt" und du glaubst, dass das nicht normal sein könnte. Dasselbe gilt natürlich auch für die anderen Sinneswahrnehmungen.

5. Turbulenzen und Wetterphänomene

Flugmeteorologie

Im Folgenden gebe ich dir einen kurzen Überblick über die Wetterverhältnisse, die für die Flugsicherheit relevant sind:

Sichtweite

Die Sichtweite ist für den Ab- und Anflug wichtig. Es gibt unter anderem die horizontale Bodensicht, die vertikale Erdsicht im Flug und die horizontale Sicht in Flugrichtung. Während das Flugzeug zum Start eine Mindestsicht benötigt, kann die Landung automatisch bei null Sicht erfolgen.

Luftdruck

Der Luftdruck am Abflugort bzw. Ankunftsort ist wichtig, um die Höhenanzeigen im Cockpit zu kalibrieren.

Wind

Für die Berechnung der Flugzeit und Treibstoffmenge und für die Steuerung des Flugzeuges im Landeanflug sind Informationen über aktuelle Winde nötig. Richtung und Stärke der Winde werden den Piloten regelmäßig mitgeteilt, damit sie auf dem neuesten Stand sind.

Wolken

Die Art der Bewölkung sowie die Höhe der Wolken sind Informationen, die die Piloten benötigen, um zu wissen, wann mit dem Durchfliegen der Wolken zu rechnen ist.

Temperatur

Da die Dichte der Luft abhängig von der Temperatur ist und die Luftdichte die Leistung der Triebwerke ändert, ist die Temperatur auch ein wichtiger Parameter in der Flugmeteorologie.

Taupunkt

Die Differenz zwischen der Temperatur und dem Taupunkt gibt Aufschluss darüber, wie wahrscheinlich Wolken- und Nebelbildung ist.

Niederschlag

Informationen über Regen, Schnee etc. sind wichtig für die Berechnung der Rollstrecke, die ein Flugzeug zum Starten und Landen braucht.

Im Winter kommt es übrigens oft vor, dass das Flugzeug kurz vor dem Abflug enteist wird, denn Eis und Schnee würden unter anderem das Gewicht des Flugzeugs erhöhen und die Aerodynamik beeinflussen.

Kommen wir aber nun zu dem Thema, was bei den meisten Menschen Flugangst aufkommen lässt: Turbulenzen.

Warum Turbulenzen nicht gefährlich sind

Wie entstehen Turbulenzen?

Ich versuche, dir kurz und knapp die fünf Gründe für die Entstehung von Turbulenzen zu erklären:

1. Thermische Turbulenzen hängen mit der Umgebungswärme zusammen. Die Sonne erwärmt die Luft nahe der Erdoberfläche. Wärmere Luft hat eine geringere Dichte als kalte Luft und steigt deshalb nach oben. Dies

macht sich beim Durchfliegen dann durch Gewackel bemerkbar.

2. Orografische (ortsabhängige) Turbulenzen entstehen durch die Beschaffenheit der Erdoberfläche (Berge, Täler, Wälder etc.) in Zusammenhang mit Winden.
3. Beim Starten und Landen können durch Windscherungen, also kurzfristige Winddrehungen, Turbulenzen entstehen.
4. Durchfliegt ein Flugzeug eine Wolke, kann es durch die Veränderung der Dichte der Luft sowie durch vertikale Luftbewegungen innerhalb der Wolke zu Gewackel kommen.
5. Die fünfte Form von Turbulenzen sind Klarluftturbulenzen (Clear Air Turbulences – CAT), welche im Volksmund auch „Luftlöcher" genannt werden. (Mehr dazu unter dem Punkt „Verschiedene Wetterphänomene".)

Die Piloten eines Passagierflugzeugs versuchen immer, turbulente Luftzonen zu umfliegen, aber das auch nur, damit die Fluggäste ein besseres Reiseerlebnis haben und die Flugbegleiter den Kaffee nicht aus Versehen verschütten. Kaputtgehen kann an einem Flugzeug durch Turbulenzen nichts.

Turbulenzen können das Flugzeug nicht zerbrechen

Die Flügel von Flugzeugen sind durch ihre flexible Bauweise so beschaffen, dass sie Turbulenzen absolut standhalten können und teilweise das Gewackel auch ausgleichen. Flugzeuge werden dafür gebaut, dass sie turbulenter Luft standhalten können. Selbst starke Turbulenzen bringen das Flugzeug nicht in Gefahr!

Zum Thema Gewitter gebe ich dir im nächsten Abschnitt noch mehr Informationen.

Zu welchen Jahreszeiten sind Turbulenzen eher zu erwarten?

Tendenziell ist im Sommer mehr mit Turbulenzen zu rechnen, da der Wärmeunterschied zwischen der Temperatur am Boden und der Temperatur in der Höhe sehr groß ist. So entstehen die bereits erwähnten thermischen Turbulenzen.

Da die Temperatur im Sommer zwischen 17 und 18 Uhr am Boden am höchsten ist, sind zu dieser Zeit tendenziell mehr Wackeleien zu erwarten. Auch kommen Gewitter häufiger im Sommer vor.

Was tun bei Turbulenzen?

Generell gesagt: Solange du angeschnallt bist und um dich herum Gepäck und Gegenstände gut verstaut sind, bist du auf der sicheren Seite. Die größte Gefahr bei Turbulenzen sind Verletzungen durch herumfliegenden Krempel und die Verletzungsgefahr, wenn man nicht angeschnallt ist.

Da Turbulenzen auch oft unerwartet eintreten können, ist es am sichersten, wenn du immer angeschnallt bist, wenn du dich auf deinem Sitz befindest – unabhängig von den Anschnallzeichen.

Für Toilettengänge kannst du dich natürlich abschnallen und dich vom Platz entfernen, wenn die Anschnallzeichen aus sind. Auf Langstreckenflügen kannst du auch mal aufstehen, um dir die Beine zu vertreten.

Du musst dir auch keine Sorgen machen, wenn die Flugbegleiter durch die Turbulenzen ihren Service einstellen. Die Kabinen-Crew unterbricht den Service, damit die Service-Wagen in der Bordküche sicher verstaut werden können, da diese sonst bei stärkerem Gewackel die

Gäste und Crew verletzen könnten. Auch die Crew möchte nicht gerne hinfallen oder einen Wagen auf den Fuß bekommen. Deshalb schnallt sie sich auf ihren Sitzen an.

Selbst wenn die Flugbegleiter unentspannt wirken, dann hat das einfach damit zu tun, dass sie hoffen, dass alle Gäste sich richtig angeschnallt haben und dass alles gut verstaut ist. Wir haben dann einfach einen „konzentrierten" Blick, denn wir wissen, dass Turbulenzen ausschließlich im Inneren des Fliegers durch ungesicherte Gegenstände gefährlich sein können.

Ablenkung ist das beste Mittel, um Ängste bei Turbulenzen (oder anderen alltäglichen) Situationen nicht aufkommen zu lassen. Anwendbare Tipps zur Beruhigung gebe ich dir in einem späteren Kapitel.

Verschiedene Wetterphänomene

„Luftlöcher"

Sogenannte „Luftlöcher" (Clear Air Turbulence – CAT) sind keine Löcher in der Luft, sondern sind Zonen, in denen warme Luft sehr schnell nach oben steigt und kalte nach unten sinkt. Das plötzliche Absinken ist zwar sehr unangenehm, aber nicht gefährlich für Passagiere, solange sie angeschnallt sitzen und alle Gegenstände richtig verstaut sind.

Diese „Luftlöcher" bringen das Flugzeug nicht tiefer als einige wenige Meter – auch wenn es sich viel mehr anfühlt. Sie kommen oft vor und sind in der Fliegerei nichts Besonderes, selbst wenn es sich kurz so anfühlt, als seist du auf einer Achterbahnfahrt.

Gewitter

Piloten erkennen auf dem Wetterradar, wie stark ein Gewitter ist. Sehr starke Gewitter kommen häufig in tropischen Gebieten auf und werden umflogen. Kleinere Gewitter werden mit Passagierflugzeugen auch umflogen, aber nur für den Reisekomfort der Fluggäste.

Flugzeuge mit Passagieren an Bord fliegen immer so, dass Turbulenzen weitestgehend vermieden werden. Frachtflugzeuge hingegen fliegen auch durch richtig wackelige Luftzonen, weil die Piloten wissen, dass dies dem Flugzeug nicht schadet und keine Crew oder Fluggäste an Bord durch Turbulenzen hinfallen könnten. Gewitter werden jedoch von allen Flugzeugen weiträumig vermieden.

Ich selbst habe an Bord schon einen Blitzeinschlag erlebt. Außer, dass es kurz laut knallt und sehr hell wird, passiert gar nichts. Denn ein Flugzeug ist wie ein faradayscher Käfig gebaut – also sind Blitzeinschläge ungefährlich für die Fluggäste. Piloten sind übrigens sehr gut für die Einschätzung der Wetterbedingungen ausgebildet.

Sturm

Bei starken Stürmen verspäten sich viele Abflüge oder werden sogar gestrichen. Das hat damit zu tun, dass bei starken Winden die Flugzeuge im Luftraum um den Flughafen größeren (zeitlichen) Abstand halten müssen und somit kein normaler Flugverkehr herrschen kann.

Landungen können wegen eines Sturms holprig werden und ein Durchstarten wird wegen Seitenwinden wahrscheinlicher. Dass das Durchstarten keine Gefahrensituation, sondern eine „Sicherheitshandlung" ist, habe ich dir schon im Kapitel 4 erklärt.

Schnee und Kälte

Der Winter kommt jedes Jahr und ist nichts Besonderes für die Fliegerei. Flugzeuge sind sogar für starke Kälte gebaut, da auf zehn Kilometern Höhe ca. minus 60 Grad herrschen – von daher „mögen" Flugzeuge eine kalte Umgebung. Steht ein Flugzeug längere Zeit am Boden, wird es durch eine Mischung aus heißem Wasser und Glykol enteist, bevor es sich in Bewegung setzt.

Schnee bedeutet oft auch Fluganullierungen, da die Sichtverhältnisse sehr eingeschränkt sind und wieder der räumliche und zeitliche Abstand zwischen Starts und Landungen vergrößert werden muss. Außerdem müssen die Start- und Landebahnen von Schnee und Eis befreit werden. Aber auch Schnee ist für den Flugbetrieb nichts Neues und kein Grund zur Besorgnis.

6. Ausbildung und Tätigkeiten von Flugbegleitern und Piloten

Flugbegleiter-Ausbildung

Für alles vorbereitet

Ein Flugzeug ist in der Luft ein abgeschlossener Raum. Genau deswegen sind Flugbegleiter für jeden erdenklichen Fall ausgebildet. Wir sind weit mehr als nur Kellner der Lüfte: Wir sind Sicherheitsbeauftragte, helfende Hand, empathische Kulturkenner, Krankenschwestern und so vieles mehr.

Sicherheit an Bord

Ein sehr großer Fokus der Flugbegleiter-Ausbildung liegt auf der Evakuierung der Fluggäste nach einem (sehr unwahrscheinlichen!) Notfall. Wir Flugbegleiter lernen, wie man auf dem schnellsten und sichersten Wege die Gäste aus dem Flugzeug evakuiert. Wusstest Du, dass jedes Flugzeug innerhalb von nur 90 Sekunden durch die Hälfte aller Notausgänge evakuiert werden kann?

Wir wissen, wie man ein Feuer oder eine Rauchentwicklung an Bord schnell bekämpft und können mit gefährlichen Gegenständen umgehen. Wir wissen genau, wo sich an Bord die sicherheitsrelevanten Gegenstände befinden und wie sie zu benutzen sind. Wir wissen Bescheid, was im unwahrscheinlichen Falle einer Wasserlandung zu tun ist und können im Team sogar randalierende Fluggäste unter Kontrolle bringen.

Erste Hilfe

In der Flugbegleiter-Ausbildung wird uns fundiertes Wissen über Erste-Hilfe-Maßnahmen beigebracht. Das ist wichtig, um bei einem medizinischen Notfall schnell handeln zu können, obwohl es sehr unwahrscheinlich ist, dass auf einer ausgebuchten Maschine kein Arzt mitfliegt. Meist melden sich sogar mehrere Ärzte mit verschiedenen Schwerpunkten (z. B. Kardiologe, Kinderarzt, etc.) Falls doch kein Arzt an Bord sein sollte, kennen wir die lebenserhaltenden Maßnahmen und können auch mit einem Defibrillator reanimieren. Ein Arztkoffer befindet sich in jedem Flugzeug.

In unserer Ausbildung lernen wir auch viel über verschiedene Kulturen und empathisches Handeln sowie die Serviceabläufe. Dieser Teil der Flugbegleiter-Ausbildung ist viel kleiner als der sicherheitsrelevante Teil und ist in diesem Ratgeber auch nicht besonders wichtig.

Pilotenausbildung und regelmäßige Checks

Pilotenausbildung

Um überhaupt Pilot werden zu können, müssen sich die Bewerber einem umfangreichen Eignungstest unterziehen. Dieser beinhaltet technische, physikalische und mathematische Kenntnisse, soziale Fähigkeiten, Kommunikationstalent, Belastbarkeit und Teamfähigkeit. Auch die Englischkenntnisse werden geprüft.

Die Pilotenausbildung bei einer Airline dauert in der Regel zwei Jahre. Im ersten Jahr wird den angehenden Piloten und natürlich auch Pilotinnen theoretisches Fachwissen beigebracht. Unter anderem lernen die Flugschüler Theorie über Systeme und Instrumente, Meteorologie, Flugplanung, Navigation, Funknavigation, betriebliche Verfahren und Aerodynamik. Das angeeignete Wissen wird durch viele Tests geprüft.

Im zweiten Jahr geht es mit der Praxis los. Die Flugschüler lernen das Fliegen und Verfahren in den Simulatoren und in richtigen Flugzeugen. Die ersten Flugerfahrungen werden auf ganz kleinen Maschinen gesammelt, bevor die Piloten das Fliegen mit Großraummaschinen lernen.

Pilotenchecks

Zweimal im Jahr muss jeder Pilot – ob Kapitän oder Co-Pilot – bei Simulatorchecks beweisen, dass alles beherrscht wird. Hier werden auch Notsituationen simuliert, wie zum Beispiel Feuer an Bord oder Triebwerksausfall. Es wird auch getestet, ob sich der Pilot in den jeweiligen Situationen richtig entscheidet und auch unter Stress souverän handelt.

Zusätzlich gibt es noch einmal im Jahr einen Pilotencheck im richtigen Flugzeug. Ein Check-Pilot kommt zusätzlich mit ins Cockpit und beurteilt die Arbeit der Piloten auf einem Linienflug. Somit wird jeder Pilot bis zum Renteneintritt ständig geprüft.

Da die körperliche und mentale Fitness der Piloten auch sehr wichtig ist, muss jeder Pilot mindestens einmal im Jahr eine gründliche Untersuchung bei einem speziellen Fliegerarzt machen.

Was die Piloten während eines Langstreckenfluges machen

So ein Langstreckenflug kann viele Stunden dauern. Die längste mit einem Passagierflugzeug regelmäßig beflogene Strecke ist zwischen Singapur und New York mit einer Flugstrecke von 16.700 Kilometern und einer Flugdauer von 18 Stunden und 45 Minuten. Was machen also die Piloten auf so einem langen Flug, wenn der Autopilot das Steuern des Flugzeugs übernimmt?

Überwachen und Beobachten

Im Cockpit eines Verkehrsflugzeuges gibt es immer einen „fliegenden" Piloten und einen, der hauptsächlich das Funken und die Überwachung der Geräte übernimmt – auch wenn der Autopilot eingeschaltet ist.

Es ist nicht immer zwangsläufig der Kapitän, der das Steuer in der Hand hat. Denn damit auch die Co-Piloten genügend Flugerfahrung sammeln, fliegt je nach Absprache zum Beispiel ein Pilot den Hinflug und der andere den Rückflug.

Der „fliegende" Pilot ist für die Bedienung des Autopiloten und dessen Überwachung zuständig. Der funkende Pilot ist ständig in Funkkontakt mit nahe gelegenen Bodenstationen und Flugzeugen oder nutzt das ACARS-System (Aircraft Communications Addressing and Reporting System), welches wie ein kleines Faxgerät funktioniert. Außerdem überwacht er den Kerosinverbrauch.

Darüber hinaus haben die Piloten immer das Wetter im Auge, da sich die Wetterverhältnisse auf langen Flügen oft ändern. Turbulente Wetterzonen werden nach Möglichkeit umflogen, damit die Fluggäste ein besseres Reiseerlebnis haben und die Crew uneingeschränkt arbeiten kann.

Es gibt natürlich noch weitaus mehr Dinge, die die Piloten im Cockpit so tun, aber hier habe ich dir mal einen groben Überblick gegeben.

Piloten dürfen sogar im Flug schlafen

Je nach Airline wird ab einer bestimmten Flugdauer ein dritter oder sogar vierter Pilot auf einem Langstreckenflug eingesetzt, damit sich einer der Flugzeugführer ausruhen bzw. schlafen kann. Dies hat damit zu tun, dass die Cockpit-Besatzung (und auch die Kabinencrew) gesetzlich festgelegte Dienst- und Ruhezeiten haben, um ihren Job fit und wachsam durchführen zu können.

Die Piloten (im Dreipersonencockpit: Kapitän, Senior First Officer und First Officer) müssen während der Start- und Landephase alle im Cockpit sein. Ist das Flugzeug auf Flugreisehöhe angekommen, besprechen sich die Piloten, wer wann in die Crew-Betten oder Crew-Ruhesitze geht. Je nach Fluglänge wird ausgerechnet, wie lange jeder pausieren darf, sodass zur Landung wieder alle Piloten im Cockpit sitzen. Zwei Piloten sitzen aber immer zu jeder Zeit „am Steuer".

Übrigens checken die Kabinenmitarbeiter speziell auf Nachtflügen via Telefon, ob es den Jungs und Mädels vorne im Cockpit gut geht und dass sie nicht einschlafen. Ich habe als Flugbegleiterin noch nie erlebt, dass die Piloten eingeschlafen sind. Piloten sind das nächtliche Arbeiten gewohnt, trinken auch genug Kaffee und werden sogar speziell dafür geschult, die Konzentration auch auf langen Flügen durch die Dunkelheit nicht zu verlieren. Gegessen wird übrigens auch im „Büro mit Weitblick".

Die Cockpitbesatzung ist während des Fluges auch ständig mit den Flugbegleitern in Kontakt, um die Situation in der

Kabine zu kennen. Denn wenn es beispielsweise einen dringenden medizinischen Notfall an Bord geben sollte, kann die Cockpit-Crew das Flugzeug zum nächstgelegenen Flughafen fliegen, welchen sie im Reiseflug immer im Auge haben, um für Zwischenfälle gewappnet zu sein.

Small-Talk ist erlaubt

Generell dürfen sich die Piloten während des Reiseflugs auch unterhalten, solange sie dabei nicht allzu sehr von ihrer Arbeit abgelenkt sind und sich weiterhin konzentrieren können. Während der Start- und Landephase gilt jedoch die „Sterile Cockpit Rule" (Regel des sterilen Cockpits), in welcher nur über flug- und sicherheitsrelevante Dinge gesprochen werden darf.

Das Plauschen, währenddessen der Autopilot fliegt, lässt die Zeit schneller und angenehmer vergehen und man lernt auch seine Kollegen ein wenig kennen. Bei großen Airlines gibt es tausende Kollegen und man ist deshalb oft in neuen Konstellationen unterwegs.

Wenn ich in der Kabine keine Aufgaben zu erledigen habe und alle meine Gäste versorgt sind, gehe ich auch gerne mal ins Cockpit, um mich zu unterhalten oder um tolle Landschaften und Städte von oben zu sehen.

Interview mit einem Piloten

In meiner Flugangst-Gruppe habe ich die Mitglieder gebeten, mir die Fragen zu stellen, die sie gerne mal einem Piloten stellen würden. Mein Lektor Helge ist A320-Kurzstreckenpilot – was lag da näher, als ihm diese Fragen zu stellen?

Was wirst du als erstes gefragt, wenn Menschen mitbekommen, dass du Pilot bist?

Meistens werde ich gefragt, ob ich schon „richtiger Pilot" bin oder „nur Copilot". Das ist eines der am meisten verbreiteten Missverständnisse bei Passagieren. Es gibt nicht „den Piloten", sondern bei Verkehrsflugzeugen gehören mindestens zwei dazu.

Einer ist der Kapitän oder Kommandant, der hat das Sagen und die Verantwortung. Der andere ist der Copilot oder Erste Offizier und ist der Stellvertreter des Kapitäns. Das bedeutet, auch ich als Copilot steuere das Flugzeug genauso häufig und in der Regel auch genauso gut wie der Kapitän, denn wir besitzen beide die gleichen Fluglizenzen. In der Regel wechseln wir uns ab: Den ersten Flug (wir machen auf der Kurzstrecke mehrere Flüge am Tag) macht der Kapitän, den folgenden dann der Copilot und so weiter. Klar ist natürlich, am Ende hat immer der Kapitän das Sagen.

Wann und wieso kam der Wunsch, Pilot zu werden? Schließlich ist es mitunter ein "riskanter", sehr verantwortungsvoller Job.

Schon mein Vater war Pilot, ich habe scheinbar das Flieger-Gen von ihm geerbt und bin als Kind oft mit ihm mitgeflogen. Mit 14 habe ich dann in einem Luftsportverein den Segelflugschein gemacht und nach dem Abitur dann den Berufspilotenschein.

Grundsätzlich riskant ist der Beruf nicht; gleichwohl wird in Schulungen und auch im Alltag das Risiko immer wieder thematisiert. Wir wissen, wie das Risiko von unterschiedlichen Situationen einzuschätzen ist, und reagieren entsprechend darauf – hauptsächlich damit, dass wir das Risiko so weit es gehen minimieren.

Das Thema Verantwortung ist mir sehr wohl bewusst. Ich habe ja bereits die Verantwortung für mein eigenes Leben, und da ich auch gerne abends wieder heil zu meiner Familie kommen möchte, ist das Ansporn genug, meinen Job hundertprozentig zu machen und alle Gäste sicher zu befördern.

Wie oft trainierst oder simulierst du Notfälle, die passieren können?

Wir gehen zweimal im Jahr für jeweils zwei Tage in den Simulator und trainieren sowohl normale Verfahren als auch Notverfahren, zum Beispiel Triebwerksausfälle, Rauch im Cockpit oder den Ausfall der Bordelektronik. Auch Landungen bei schlechter Sicht oder Anflüge auf schwierige Flugplätze werden geübt. Der Gesetzgeber fordert dieses Training sogar, um die Pilotenlizenz verlängern zu können. Wer hier falsch reagiert, wird nachgeschult.

Gab es schon Situationen, in denen du dein ganzes fliegerisches Können brauchtest? Wenn ja, was war passiert?

Tatsächlich war ich auch nach 15 Jahren Fliegerei noch nie in einer Situation, die mich an meine Grenzen gebracht hat. Ich kenne aber (wenige) Kollegen, die zum Beispiel einen Triebwerksausfall erlebt haben. Die sagen: Das läuft ab, wie man es im Simulator trainiert hat, und geht auch genauso gut aus, weil ein Flugzeug auch nur mit einem Triebwerk normal fliegen und landen kann.

Fliegt eigentlich immer der gleiche Kapitän mit dem gleichen Copiloten?

Nein, die Zusammensetzung der Cockpitbesatzung ändert sich ständig. Wir haben in meiner Fluggesellschaft rund 5.000 Cockpit-Mitarbeiter – wenn man da mehrfach in der gleichen Zusammensetzung fliegt, ist das schon ein sehr großer Zufall.

Aber das Tolle ist: Wir sind alle so sehr auf Teamwork trainiert, dass es völlig egal ist, ob man sich kennt oder nicht. Man kann sich hundertprozentig darauf verlassen, dass beim anderen jeder Handgriff sitzt und dass alle auf dem gleichen Wissensstand sind. Dieses Vertrauen sorgt für zusätzliche Sicherheit.

Im Cockpit gibt es gefühlt 1000 Knöpfe und Schalter. Wie lange braucht man, um alle zu kennen?

Ich gebe zu: Ich kenne nicht alle. Weil ich das gar nicht muss. Manche Schalter werden nur von Technikern benötigt, um Systeme zu checken. Andere sind lediglich Sicherungen, bei denen ich checken muss, ob sie nicht herausgesprungen sind. Einen Großteil der Knöpfe kenne ich natürlich schon – ihre Funktion lernt man während des sogenannten „Type Ratings", dem Flugzeugmuster-spezifischen Training kennen.

Anders als beim Auto setzt man sich nämlich nicht einfach in ein Flugzeug und fliegt los, sondern man muss die Funktion aller Systeme erstmal in der Theorie lernen. Später geht man mehrere Wochen in den Simulator und lernt die Funktionen in der Praxis kennen, übt alle Abläufe und Verfahren. Danach kennt man dann auch (fast) alle Knöpfe.

Wie kann man sich einfach in das Cockpit setzen und einfach so losfliegen, während wahrscheinlich die ganze Kabine einfach so vor Angst mit den Knien schlottert?

„Einfach so losfliegen" ist nicht – vor einem Flug wird alles hundertprozentig gecheckt und dann nochmal gecheckt. Sicherheit hat bei der Flugdurchführung die oberste Priorität.

Auch wir Piloten wissen, dass es Gäste gibt, die sich beim Fliegen unwohl fühlen. Aktuelle Studien sprechen hier von rund 40 Prozent der Passagiere, also bei weitem nicht „die ganze Kabine".

Trotzdem steht oft auch einer von uns Piloten beim Einsteigen an der Flugzeugtür und begrüßt die Gäste, wenn es uns zeitlich möglich ist – das schafft Vertrauen. Oft schauen ängstliche Gäste auch vor dem Start ins Cockpit, um zu sehen, wer da vorne sitzt. Darüber freuen wir uns, denn es gibt uns die Möglichkeit, den Passagieren vielleicht etwas von ihrer Nervosität zu nehmen.

7. Gesundheit an Bord und medizinische Notfälle

Medizinische Vorfälle und Tipps

Wie wird mit medizinischen Notfällen an Bord umgegangen?

Wie zuvor erwähnt sind wir Flugbegleiter gut ausgebildet, um mit medizinischen Notfällen an Bord umzugehen. Wir erlernen dies in der Grundausbildung und erneuern unser Wissen jedes Jahr aufs Neue und müssen auch Tests jährlich neu bestehen – das ist gesetzliche Vorschrift.

Wir können schnell einschätzen, wie ernst die Lage ist und rufen ggf. einen Arzt aus. Danach bringen wir den Gast in die Bordküche und versorgen ihn. Dafür gibt es feste Abläufe, die wir aus dem Effeff können. Mindestens ein Kollege bleibt permanent am Gast, der zweite Kollege informiert sofort die Piloten und die Kabinenchefs und der Rest bringt den Medizinkoffer und andere Hilfsmittel heran.

Medizinische Fälle kommen ziemlich oft an Bord vor, aber ich hatte noch nie die Situation, dass ein Gast in einem kritischen Zustand war und es war immer mindestens ein Arzt an Bord – meistens sogar mehrere, und auch medizinisches Hilfspersonal. Sollte es mal keinen Arzt an Bord geben, können wir auch eine spezielle Hotline anrufen, die 24/7 mit Ärzten besetzt ist.

Arztkoffer und Defibrillator an Bord

Auf jedem Flugzeug gibt es einen Medizinkoffer, indem es alle notwendigen Zubehöre gibt, die zur Behandlung von Verletzungen, Erkrankungen oder sogar zu lebenserhaltenden Maßnahmen dienen. Flugbegleiter sind sehr gut darin ausgebildet, medizinische Fälle an Bord erstzuversorgen oder einem mitfliegenden Arzt zu assistieren. Gewisse Medikamente oder Maßnahmen dürfen natürlich nur von medizinischem Personal angewendet werden.

Außerdem gibt es in Flugzeugen auch Defibrillatoren, um lebenserhaltende Maßnahmen durchführen zu können. Die Handhabung dafür muss die Crew einmal pro Jahr in speziellen Seminaren üben.

Achte aber bitte darauf, deine eigenen wichtigen Medikamente bei dir zu haben und trage sie am besten am Körper in einer Hosentasche, damit du sie immer griffbereit hast. Falls dein Handgepäck zu groß ist und dir deshalb beim Einsteigen abgenommen wird, nimm unbedingt wichtige Medikamente an dich.

Panikattacken

Ich bin in den zehn Jahren als Flugbegleiterin über fünf Jahre lang Vollzeit geflogen und habe kein einziges Mal eine richtige Panikattacke bei einem Fluggast erlebt. Meist erkennen wir schon vorher, wenn sich die Flugangst anbahnt, und kümmern uns so gut, dass es gar nicht erst so weit kommt.

Wir holen den Gast zu uns in die Küche, beruhigen ihn und geben ihm Sauerstoff. Das hilft meist so sehr, dass sich der Gast beruhigt. Der Betroffene sieht das bunte Treiben der Flugbegleiter in der Küche und auch, wie normal und routiniert wir arbeiten.

Falls es doch zu einer Panikattacke kommen sollte, sind wir dafür auch vorbereitet. Ein Arzt wird ausgerufen und wir tun alles, dass der Gast sich schnell wieder beruhigt.

So schlimm sich eine Panikattacke auch anfühlen mag, so ist sie für körperlich gesunde Menschen nicht gefährlich. Mein Rat ist es, dass du dich frühestmöglich an die Crew wendest, wenn die Panik aufkommt. Umso besser und schneller können wir dir helfen.

Tipps gegen Schwindel und Erbrechen

Ich denke, dass es ein sehr individuelles Thema ist, wie sehr oder schnell man an Schwindel leidet.

Ein Tipp funktioniert immer gut: Erde dich mit dem Flugzeug, indem du deine Füße am Boden spürst, und denk nicht an die Luft unter dir. Fixiere einen weiter entfernten Punkt in der Kabine und nimm das Flugzeug als einen Raum wahr. In Zügen wackelt es auch und es entsteht seltener Schwindel – es könnte also auch Kopfsache sein.

Ansonsten hilft es auch, Ingwer-Stückchen zu kauen oder sich ein verschreibungsfreies Medikament gegen Übelkeit zu besorgen. Und falls mal was raus muss, findest du eine Tüte in der Sitztasche vor dir.

Platz- und Höhenangst

Mein Tipp bei Platzangst ist, so weit vorn wie es geht zu sitzen. Denn wenn das Flugzeug direkt am Gate nach der Landung parkt, wird nur die erste vordere Tür (oder dazu noch die zweite vordere Tür links) geöffnet. Je weiter vorne du sitzt, umso schneller kannst du das Flugzeug nach der Landung verlassen. Nur auf dem Vorfeld werden auch hinten die Türen zum Verlassen des Flugzeugs geöffnet.

Vor allem Fluggäste, die noch nie geflogen sind und Höhenangst haben, machen sich Sorgen, dass die Höhenangst im Flugzeug stark zu spüren sein wird. Aber das ist nicht der Fall! Selbst ich habe eine mittelmäßige Höhenangst und spüre sie überhaupt nicht im Flugzeug.

Auch einige der Mitglieder meiner Flugangst-Gruppe haben bestätigt, dass Höhenangst im Flieger keine Rolle spielt. Dies hat bestimmt damit zu tun, dass das Flugzeug in Bewegung ist.

Ohrendruck

Durch die Veränderung des Luftdrucks während eines Fluges kann es dazu kommen, dass man den Druck in den

Ohren spürt – es fängt an zu knacken, man hört etwas dumpf und manchmal ziept es auch ein wenig.

Kaugummi kauen und gähnen kann helfen, den Druckausgleich im Ohr wiederherzustellen. Am effektivsten hilft es mir, wenn ich mir die Nase zuhalte und schnaube – das schon erwähnte „Valsalva-Manöver". Dann sind meine Ohren wieder ganz schnell frei. Ansonsten hilft auch abschwellendes Nasenspray bei Druckausgleich-Problemen. Kleineren Kindern sollte man eine Flasche zum Nuckeln anbieten.

Wer eine Erkältung hat oder eine Nebenhöhlenerkrankung, sollte beim Arzt erstmal checken lassen, ob man flugtauglich ist. Denn wenn der Druckausgleich mit einer Erkältung nicht funktioniert, kann das schmerzhaft werden.

Trockenheit der Luft an Bord

Die Luft an Bord eines Flugzeugs ist ziemlich trocken. Das liegt daran, dass Flugzeuge auf bis zu zwölf Kilometern Höhe durch ziemlich kalte Luft fliegen. Diese kalte Luft enthält wenig Wasserdampf und das Erwärmen der Luft durch die Klimaanlage lässt die Luftfeuchtigkeit noch weniger werden.

Trinke einfach an Bord sehr viel, um dieser Trockenheit entgegenzuwirken. Nutze dafür die Wasserspender am Flughafen, indem du dir deine eigene Wasserflasche befüllst. So bist du nicht auf den (ggf. teuren) Service an Bord angewiesen.

Wegen der dünneren Luft sind übrigens auch die Geschmacksnerven unsensibler; man schmeckt also ein wenig schlechter. Deshalb wird an Bord auch gerne mal ein würziger Tomatensaft getrunken, der einem am Boden vielleicht nicht so gut schmecken würde.

Flugtauglichkeit

Falls du Zweifel daran hast, ob du körperlich flugtauglich bist, erkundige dich bitte bei deinem Arzt. Es gibt Krankheiten, mit denen das Fliegen nicht erlaubt ist. Falls du schwanger bist, erkundige dich bei deiner Fluggesellschaft, bis zu welcher Schwangerschaftswoche du mitfliegen darfst. Nimm auf jeden Fall deinen Mutterpass mit!

Alkohol und Beruhigungsmittel

Alkohol und Beruhigungsmittel wirken an Bord doppelt so stark

Während des Reisefluges ist die Sauerstoffsättigung in der Kabinenluft reduziert. Die Lunge nimmt weniger Sauerstoff auf und Alkohol wirkt viel stärker auf den Körper.

An Bord habe ich leider schon oft erleben müssen, dass Fluggäste die stärkere Wirkung von Alkohol im Flugzeug unterschätzt haben – und das Ergebnis kannst du dir vorstellen. Deshalb rate ich dringend davon ab, dich mit Alkohol an Bord „zu beruhigen"!

Dasselbe gilt auch für Schlaftabletten und Beruhigungsmittel. Sie wirken auch viel stärker und haben vor meinen Augen schon so einige große, stabile Männer umgehauen, weil der Kreislauf zusammengeklappt ist. Beruhigungsmittel verhelfen dir nicht, deine Flugangst zu überwinden, und du möchtest ja auch nicht zum medizinischen „Notfall" werden an Bord.

Am allerwenigsten solltest du Alkohol und Medikamente mischen. Die Angst kann man am besten mit klarem

Verstand überwinden. Wenn es gar nicht anders geht, kannst du dich nach verschreibungsfreien, pflanzlichen Mittel erkundigen.

Aber meine Devise lautet: Bitte verschone deinen Körper von (übermäßigem) Alkoholkonsum und unnötigen Medikamenten.

Ein genährter Körper hat stärkere Nerven

Bitte denk daran, vor deinem Flug gut gegessen und getrunken zu haben. Leider habe ich schon von Flugängstlern gehört, die absichtlich vor dem Flug stundenlang nichts essen und trinken, um nicht auf die Bordtoilette gehen zu müssen.

Tu das bitte deinem Körper und deinen Nerven nicht an. Denn wenn du körperlich schwach bist, sind es deine Nerven auch. Gegen flugangstbedingten Durchfall helfen stopfende Nahrungsmittel wie Reis, Bananen, Brötchen etc.

Traust du dich nicht alleine zur Bordtoilette, dann bitte deinen Reisepartner mitzukommen oder frage einen Flugbegleiter nach Unterstützung auf dem Weg dorthin.

8. Fakten gegen Flugangst

Kurze Fakten

Turbulenzen sind nicht gefährlich

Fakt ist, dass Flugzeuge so gebaut sind, dass sie jeder noch so starken Turbulenz standhalten können. Seit über 40 Jahren ist kein Flugzeug mehr wegen Turbulenzen verunglückt.

Gefährlich sind Turbulenzen nur im Inneren des Fliegers, wenn die Gäste und Crew nicht angeschnallt sind und deswegen hinfallen könnten. Deshalb setzen wir Flugbegleiter uns auch bei Turbulenzen hin – wir möchten schlichtweg nicht hinfallen oder einen Service-Wagen auf die Füße bekommen, sonst wären wir eine lange Zeit fluguntauglich.

Die Tragflächen sind flexibel

Warst du schon auf einem Flug, der turbulent war, und hast dich darüber erschrocken, dass die Tragflächen sich scheinbar gedehnt haben? Keine Sorge, das ist durchaus erwünscht und extra so konzipiert!

Bei Tests zur Zulassung von Verkehrsflugzeugen werden die Tragflächenspitzen um bis zu acht Meter nach oben und unten gebogen. Durch diese Flexibilität der Tragflächen werden Turbulenzen gedämpft.

Aus Fehlern wird gelernt

Jeder kleinste Fehler, der in der Vergangenheit passiert ist, wird durch bessere Technik und Schulungen der Crews optimiert, sodass sich nichts wiederholt.

Flugzeuge sind das sicherste Reisemittel der Welt

Obwohl immer mehr Flugzeuge weltweit täglich abheben, finden viel seltener Unglücke statt. Flugzeuge sind schlichtweg das sicherste Reisemittel, welches es gibt. Nur Aufzug fahren ist noch sicherer.

Nicht jede außerplanmäßige Landung ist eine Notlandung

Wer Flugangst hat, tendiert dazu, Recherchen über das Fliegen und einzelne Airlines zu machen. Dazu solltest du aber wissen, dass hier folgender Spruch gut passt: „Wer sucht, der findet!" – Was man aber findet, muss nicht immer ganz stimmen.

Damit meine ich Folgendes: Sucht man nach negativen Dingen, wird man diese auch finden. Gerade Bewertungen von einzelnen Airlines sind nicht aussagekräftig im Hinblick auf Sicherheitsaspekte. Alle Fluggesellschaften, die in Europa starten und landen dürfen, müssen den Sicherheitsbestimmungen der EASA (Europäischen Agentur für Flugsicherheit) entsprechen. Ist dem nicht so, darf das Flugzeug nicht abheben.

Du solltest du darüber im Klaren sein, dass in der Presse ganz oft von Notlandungen gesprochen wird, auch wenn es oft nur „stinknormale" Zwischenlandungen als Vorsichtsmaßnahme waren. Dramatische Begriffe wie „Notlandung" ziehen einfach mehr Leser an als eine Meldung nach dem Motto: „Flugzeug macht Zwischenlandung als Vorsichtsmaßnahme". Gründe für eine Zwischenlandung können ganz verschieden sein, meist aber aus harmloser Natur:

- ein Fluggast braucht medizinische Versorgung
- ein Gerät funktioniert nicht ganz korrekt (was keine Gefahr bedeutet, aber die Vorschrift besagt, dass man landen muss)

- am Zielflughafen ist außerplanmäßig „zu viel los"
- das Wetter ist am Zielflughafen zu unbeständig
- etc....

„Alte" Flugzeuge sind nicht unsicher

Wird es dir mulmig, wenn du in ein Flugzeug einsteigst und siehst, dass die Ausstattung der Kabine nicht mehr die „neueste" ist? Brauchst du nicht! Warum? Jedes Flugzeug wird in sehr regelmäßigen Abständen gewartet und sogar in seine Einzelteile zerlegt. Teile werden durch neue und innovative Technik ersetzt, sodass das Flugzeug wieder „wie neu" ist.

Eigentlich kann man sogar sagen, dass ältere Maschinen sehr sicher sind, weil sie ebenso viele Checks und Erneuerungen hinter sich haben. Dein Auto verliert nach dem Verlassen des Werks oder des Händlers zwar seinen Wert, aber ein Flugzeug eine ganz lange Zeit nicht. Es wird immer wieder auf den neuesten Stand gebracht – das kann kein Bewegungsmittel so von sich behaupten.

Flugbegleiter sind sehr gut ausgebildet

Wie ich dir zuvor schon erklärt habe, sind Flugbegleiter für (fast) jeden Umstand an Bord geschult und müssen diese Trainings jährlich wiederholen. Flugbegleiter sind top in Erster Hilfe und lebenserhaltenden Maßnahmen, können Ärzten (im erlaubten Rahmen) assistieren und haben eine spezielle Arzt-Zentrale am Boden, die wir bei einem medizinischen Notfall per Direktwahl kontaktieren können.

Wir Flugbegleiter können systematisch Brandherde lokalisieren und löschen, mit randalierenden Gästen umgehen, unnormale Geräusche und Gerüche feststellen und haben für fast alles feste Prozeduren zur Bekämpfung eines Problems. Das alles passiert in einer reibungslosen Teamarbeit, die wir ständig üben und vor jedem Flug besprechen.

Wer's glaubt...

In Flugzeugen fehlen oft die Sitzreihen 13 und 17, da diese Zahlen in manchen Ländern als Unglückszahlen gelten.

Das kleine Loch im Fenster

An Bord wurde ich schon oft gefragt, wozu das kleine Loch im Fenster gut sei. Das kleine Loch heißt „Breath Hole" (Atmungs-Loch) und ist aus zwei Gründen im Flugzeugfenster vorhanden:

- Zur Vermeidung von beschlagenen Fenstern: Die Flugzeugfenster bestehen aus drei verschiedenen Plexigläsern. Durch das Loch kann Feuchtigkeit entweichen und das Fenster beschlägt nicht.
- Für den Druckausgleich der Fenster: Durch die Druckveränderung in der Kabine sorgt das kleine Loch dafür, dass hinter dem innersten Plexiglas der gleiche Luftdruck herrscht wie in der Kabine.

Sprüh-Deo im Bad kann den Feueralarm auslösen

Gerade auf Langstreckenflügen wollen sich viele Fluggäste kurz vor der Landung noch etwas frisch machen. Doch dass Sprüh-Deo auch den Rauchmelder in der Toilette auslösen kann, wissen nur wenige.

Generell rate ich dazu, Parfums und Deos gar nicht im Flugzeug zu nutzen, um andere Gäste nicht zu „benebeln", aber in der Toilette solltest du es auf keinen Fall tun.

Aschenbecher trotz Rauchverbot

Das Rauchverbot der meisten Airlines besteht schon seit vielen Jahren. Warum gibt es dann immer noch Aschenbecher in und an den Bordtoiletten? Die Flugzeughersteller bauen die Aschenbecher weiterhin ein, weil das eine internationale Vorschrift ist.

Falls ein Fluggast heimlich in der Toilette raucht, soll er die Möglichkeit haben, die Zigarette sicher zu entsorgen und sie nicht in die Abfalleimer mit den Papierhandtüchern zu schmeißen. Die Aschenbecher gibt es also aus Brandschutzgründen.

Warum müssen die Fensterblenden bei Start und Landung offen sein?

Da die Piloten keine Rückspiegel haben, sind es die Flugbegleiter, die Blick auf das äußere Geschehen haben. Dies ist besonders bei Start und Landung wichtig. Um den

Blick nach draußen haben zu können, müssen alle Fensterblenden bei Start und Landung oben sein.

Die meiste Zeit fliegt der Autopilot

Während des Fluges fliegt eigentlich immer der Autopilot. Das manuelle Fliegen wäre auf Dauer viel zu konzentrationsraubend, aber der Autopilot wird von den Piloten immer im Auge behalten. Starts und Landungen werden eigentlich immer per Hand gemacht.

Fliegen bei Dunkelheit

Ein Nachtflug ist genauso sicher wie ein Flug bei Tage. Die Piloten sind im permanenten Funkkontakt zu naheliegenden Bodenstationen und zu anderen Flugzeugen. Andere Flugzeuge und auch Landebahnen sind sehr sichtbar beleuchtet und die Geräte im Cockpit zeigen dieselben Informationen wie bei Helligkeit an. Die Piloten sind nicht weniger fit, da sie sich auf den Nachtflug eingestellt haben und von uns Flugbegleitern immer mit genügend Kaffee versorgt werden.

Auf richtig langen Flügen sind drei oder sogar vier Piloten im Einsatz, von welchen abwechselnd immer einer zum Schlafen in die Crew-Betten gehen darf.

Im Dunkeln sieht man besser

Beim Start und bei der Landung wird das Kabinenlicht den äußeren Lichtverhältnissen angepasst. Das hat damit zu tun, dass bei einer (sehr unwahrscheinlichen) Evakuierung der Fluggäste am Boden die Fluggäste und die Crew schon an die äußeren Lichtverhältnisse gewöhnt sein sollen und sich außerhalb des Fliegers nicht erst an ein helleres oder dunkleres Umgebungslicht gewöhnen müssen.

Kleinere Maschinen sind nicht unsicherer

Kleinere Passagiermaschinen fliegen auf niedrigerer Reiseflughöhe und tendieren deswegen eher dazu, zu wackeln. Aber wie ich dir schon erklärt habe, sind Turbulenzen nicht gefährlich. Die Piloten sind immer im Funkkontakt mit Bodenstationen und anderen Flugzeugen, die Bescheid geben, wenn es irgendwo turbulentere Luft-Gebiete gibt. Fazit: Kleinere Maschinen sind genauso sicher wie größere.

Handys stören die Bordelektronik kaum

Manche Fluggesellschaften handhaben es (noch) so, dass Handys bei Start und Landung komplett ausgeschaltet werden sollen, aber bei den meisten Airlines reicht der

Flugmodus. Die meisten Fluggäste halten sich auch daran, ihr Handy in den Flugmodus zu schalten, oder es gänzlich auszustellen.

Laut Aussagen von Piloten kann es sein, dass eingeschaltete Handys die Funkqualität einschränken könnten, aber das kommt nur selten vor. Ich kann mir vorstellen, dass die Kontrolle aller Fluggäste erstens extrem viel Zeit beanspruchen würde und die Dringlichkeit einfach nicht besteht.

Schalte aber bitte trotzdem weiterhin dein Handy in den Flugmodus an Bord – erstens ist es sicherer und zweitens würde dein Akku darunter leiden, weil das Handy ständig nach Empfang suchen müsste, den man in Reiseflughöhe nicht hat.

Piloten sollen nicht das Gleiche essen

Selbst wenn nur ein Pilot aus gesundheitlichen Gründen ausfällt, wird schnellstmöglich gelandet, da nach Vorschrift immer mindestens zwei Piloten sich gegenseitig unterstützen und kontrollieren.

Mir ist es noch nie passiert, dass ein Pilot während des Fluges erkrankte. Wenn, dann mal vorher, und dann wurde ein Ersatz-Pilot geordert.

Kein Mythos: Piloten sind während des Fluges angehalten, nicht das Gleiche zu essen, um das Risiko einer doppelten Lebensmittelvergiftung zu minimieren.

Vorne wackelt es am wenigsten

Oft wird davon gesprochen, dass an den Tragflächen Turbulenzen am wenigsten zu spüren sind. Ich finde aber erfahrungsgemäß, dass es ganz vorne am wenigsten wackelt. Ist ein Flugzeug in turbulenten Wetterzonen unterwegs, spürt man das Wackeln im ganzen Flugzeug, am meisten jedoch ganz hinten. Aber hier nochmal zur Erinnerung: Turbulenzen sind nicht gefährlich.

Auch unbekannte Fluggesellschaften sind sicher

Das Flugunfallbüro JACDEC evaluiert jedes Jahr aufs Neue, welche Airlines die sichersten waren. In den Top Ten der sichersten Airlines aus 2019 sind Scoot Tigerair, Transavia und Jetstar Airways vertreten.

Kennst du alle davon? Ich sogar nicht, also: unbekannte Fluggesellschaften sind nicht unsicherer.

Ein Stromausfall ist unwahrscheinlich

Flugzeuge haben mehrere Generatoren, die einzeln das gesamte Flugzeug mit Strom versorgen können. Für den sehr unwahrscheinlichen Fall, dass der Strom komplett ausfällt, gibt es noch eine Lösung: die Ram-Air-Turbine. Sie ist eine Staudruckturbine, die aus dem Rumpf des Flugzeuges geklappt wird und die Strom-Notversorgung gewährleistet.

Abgesehen davon gibt es verschiedene Stromsysteme, die nicht miteinander zusammenhängen und einzeln abgeschaltet werden können, falls mal etwas nicht stimmen sollte.

Rauchen auf dem Klo: Bitte nicht!

Früher war das Rauchen in Flugzeugen in der Reiseflughöhe noch erlaubt, jedoch nie in den Toiletten. Warum? Weil so vermieden werden sollte, dass ein Fluggast unachtsam seine glühende Kippe in den Mülleimer wirft. Dort könnte ein Brand nicht so schnell erkannt werden wie direkt in der Kabine. Damals wie heute schlägt sofort ein Rauchmelder an, wenn jemand in den Toiletten raucht. In der ganzen Kabine ertönt ein Alarm und Warnlichter blinken auf. Auf Bordtoiletten zu rauchen kann dazu führen, große rechtliche Probleme zu bekommen, denn es ist streng verboten.

Falls du Raucher bist und auf das Nikotin im Flugzeug nicht verzichten kannst, gibt es Nikotin-Pflaster oder Kaugummis. E-Zigaretten darf man zwar dabeihaben im Flugzeug, aber man darf sie nicht rauchen.

Das Rauchen von E-Zigaretten könnte andere „richtige Raucher" zum Anzünden echter Zigaretten verführen. Außerdem möchten Nichtraucher auch keinen E-Zigaretten-Dampf abbekommen und der Dampf könnte die Flugbegleiter irritieren (Rauch in der Kabine?).

Fliegen über politisch unruhige Länder und Gebiete

Viele Flugangst-Betroffene machen sich oft Gedanken darüber, wie sicher das Fliegen über politisch unruhigen Ländern und Gebieten ist. Jedoch wird das Tagesgeschehen von den jeweiligen nationalen Behörden gründlich beobachtet und analysiert.

Zudem haben Fluggesellschaften ihre eigenen Abteilungen, die nur dafür da sind, die politischen Situationen in Bezug auf die Flugsicherheit zu beobachten. Manchmal schaltet sich auch die ICAO (International Civil

Aviation Organization) ein und sperrt die Lufträume verschiedener Länder und Gebiete für Passagierflugzeuge.

Meine Erfahrungen als Stewardess

Wenn ich jemanden erzähle, dass ich Flugbegleiterin bin, kommt ganz oft die Frage: „Was war dein schlimmstes Erlebnis an Bord?" Die Reaktionen sind meist enttäuscht, weil es einfach gar nicht so viel zu erzählen gibt.

In zehn Jahren hatte ich nur zwei Mal ziemlich starke und anhaltende Turbulenzen: einmal auf dem Weg nach Bahrain wegen eines Sandsturms und das andere Mal im Flug von Atlanta nach Frankfurt, auf welchem wir zwei Stunden lang keinen Service machen konnten. Wir sind aber in beiden Fällen sicher gelandet, weil Turbulenzen wie gesagt nicht gefährlich sind.

Natürlich gab es hier und da mal Fluggäste, die verbal aggressiv waren. Das kommt mal vor und das könnte auch jemand sein, der gestresst ist, weil er Flugangst hat. Aber das waren keine gefährlichen Situationen.

Andere „Horrorszenarien" wie Brände an Bord habe ich nie erlebt und kenne auch keine Kollegen, die wirklich in einer gefährlichen Situation waren – obwohl wir bestens für die Feuerbekämpfung ausgebildet sind.

Fliegen ist eigentlich ziemlich langweilig!

9. Tipps zur Beruhigung

Vor dem Flug

Flugangst-Seminare/Coachings/Simulatorflüge

Flugangst-Seminare beinhalten meist einiges an Theorie, welche je nach Seminar von Psychologen und Piloten gehalten wird. Am Schluss gibt es dann die Erfahrungsflüge. Das ist meistens eine innerdeutsche Kurzstrecke hin und zurück.

Flugangst-Seminare mit Flügen sind relativ kostspielig (um die 800 Euro), aber auch ziemlich effektiv.

Wer sich dafür interessiert, wie es in einem Cockpit so aussieht und wie Flugzeuge starten, fliegen und landen, könnte es mit einem Flug in einem Simulator versuchen. So hast du noch Boden unter den Füßen, brauchst keine Angst haben und lernst von einem Piloten, wie Flugzeuge in der Luft bleiben.

Coachings können auch eine gute Alternative zu den teuren Flugangst-Seminaren sein. Entweder man nutzt

Eins-zu-Eins-Coachings wie in meinem telefonischen Flugangst-Coaching oder kauft sich Videokurse.

Sport

Wenn bei dir die Angst losgeht, schüttet dein Körper Adrenalin aus. Nachgewiesenermaßen kann der menschliche Körper aber nicht endlos Adrenalin ausschütten.

Also könntest du (wenn es zeitlich passt) ein wenig Sport vor deinem Flug machen und somit schon Adrenalin „verbrauchen". Bitte übertreibe es aber nicht. Mache so viel Sport, wie es für dich noch angenehm ist, damit du noch Power für die Fahrt zum Flughafen und die Prozesse vor Ort übrighast.

Hypnose

Wer für Hypnose offen ist, könnte seine Flugangst damit überwinden. Jedoch habe ich bei meinen Klienten auch gehört, dass Hypnose nichts gebracht haben soll. Ein Wunderheilmittel scheint es somit nicht für jeden zu sein.

Videos schauen

Schau dir Videos an, die dir mehr über das Fliegen verraten. Auf YouTube gibt es viele Videos, die ganze

Flüge innerhalb des Cockpits zeigen oder von Flughäfen handeln. So freundest du dich gedanklich vielleicht schon etwas mit dem Fliegen an.

Keine Flugunglück-Sendungen schauen

Lass auf jeden Fall die Finger von Sendungen wie „Mayday – Alarm im Cockpit"! Sie sind meist unsachlich, wühlen zu viel auf und Sachverhalte sind oft überspitzt dargestellt. Diese Sendungen sind mit ihren Bildern und der unheimlichen Musik dazu konzipiert, Angst zu machen, um die Sendung spannender zu gestalten. Dies hat wenig bis nichts mit der alltäglichen Realität zu tun und schürt nur deine Flugangst.

Über die Technik der Flugzeuge informieren

Die meisten Menschen fragen sich häufig, wie es möglich ist, dass tonnenschwere Flugzeuge abheben, in der Luft bleiben und sicher wieder landen können. Wenn du dich ein wenig in die Materie einliest, macht dich das Wissen etwas relaxter. Es gibt auch tolle Bücher, die das Fliegen in einfacher Sprache erklären – auch eine gute Lektüre für den Flug!

Eine Flughafentour buchen

Einer meiner Favoriten unter den Tipps gegen Flugangst ist es, sich den Flugzeugen zu nähern. Große Flughäfen bieten Rundfahrten an. So kannst du dich an den Flughafen und die Flugzeuge „heranschnuppern" und musst noch nicht gleich einsteigen. Das Ambiente eines Flughafens kann sehr faszinierend sein: Die Menschen sind so international, man hört viele verschiedene Sprachen und das „Reisen" liegt in der Luft. Man sieht, wie sich Pärchen verabschieden oder wie Familien sich freudig in Empfang nehmen, oder welches emsige Treiben rund um ein Flugzeug herrscht, um es flugfertig zu machen.

Das Fliegen mit einem Hobby verbinden

Fotografierst du gerne? Dann mache doch schöne Fotos von Flugzeugen und verbinde so etwas Positives mit der Fliegerei. Hast du im Flieger einen Fensterplatz, bieten sich bei gutem Wetter ganz viele tolle Perspektiven! Drucke die Fotos aus und hänge sie dir an den Kühlschrank, um Positives mit dem Fliegen zu verbinden.

Dein eigenes „Care-Paket" dabeihaben

Flugangst ist ein unangenehmes Gefühl. Aber Gefühle kann man auch umlenken ins Positive. Mach dir doch ein Täschchen mit Dingen, die du liebst. Ein Foto von deinem Partner, deiner Familie oder deinem Hund, eine Duftprobe von deinem Lieblingsparfüm, ein „Anti-Stress-Ball" zum darauf rumquetschen, und vielleicht ein paar verschreibungsfreie Mittel gegen Stress, wenn du gar nicht ohne auskommen solltest. Nimm dir einfach alle kleinen Dinge mit, die dich wohlfühlen lassen und positive Gedanken machen.

Scharfe Bonbons sollten auch nicht darin fehlen, denn bei sehr scharfen oder sauren Geschmäckern kann sich das Gehirn nicht mehr auf die Flugangst konzentrieren.

Einen Brief an sich selbst schreiben

So komisch es klingt, aber schreibe dir zu Hause doch einen Brief an dich selbst, den du dann im Flugzeug liest. Erinnere dich in dem Brief daran, wie sicher das Fliegen ist und dass Reisenervosität auch normal ist. Schreibe darin auf, warum du überhaupt fliegen möchtest und was du dadurch für wunderschöne Erlebnisse haben wirst.

Alternativ kannst du auch deinen Partner oder einen empathischen engen Freund fragen, ob er dir ein paar liebe und motivierende Worte mit auf den Flug gibt.

Im Flug könntest du dich mit dem Schreiben eines Reisetagebuchs ablenken.

Sich nicht schon lange vor dem Flug verrückt machen

Das ist leichter gesagt als getan, aber du solltest dich auf jeden Fall ablenken, wenn du schon lange vor dem Flug Sorgen bekommst. Denke dann mit Absicht an etwas Anderes. Plane den Wocheneinkauf, singe einen deiner Lieblingssongs oder telefoniere mit einem guten Freund und sprich über etwas Anderes.

Es würde dir nichts bringen, wochenlang Panik zu haben, wenn der Flug selbst höchstens ein paar Stunden lang geht. Lenke dich also willentlich davon ab, dich in die Angst hineinzusteigern.

Lies bitte auch keine Airline-Bewertungen im Internet. Diese Rezensionen werden von Fluggästen geschrieben, die keine Ahnung von Flugzeugtechnik haben und handeln eigentlich nur vom Service oder vom Sitzabstand.

Gemeckert wird gerne und viel, aber mit der Sicherheit der einzelnen Airline hat das alles nichts zu tun.

Viele meiner Klienten berichten auch, dass sie sich schon ewig vor dem Flug sorgen und der Flug selbst dann gar nicht so schlimm war wie zuvor befürchtet. Das höre ich in 95 % der Fälle!

Während des Fluges

Nimm deine Angst an

Ich bin wie gesagt keine Psychologin, aber aus Erfahrung heraus solltest du versuchen, die Flugangst wie einen ungebetenen Gast anzunehmen. Sieh ihn wie ein kleines Teufelchen auf deiner Schulter, das versucht, dir angsteinflößende Dinge zu erzählen. Gib ihm vielleicht sogar einen Namen.

In meiner Flugangst-Gruppe hat sich der Name „Hubert" (nichts gegen den Namen Hubert) etabliert. „Hubert" fliegt mit, ist aber einfach nur ein nerviger Mitreisender, den man nicht ignorieren kann, ihn aber auch nicht zu ernst nehmen sollte. Letztendlich bringt es nämlich nichts, die Angst unterdrücken zu wollen – denn umso geballter versucht sie sich dann gegebenenfalls zu wehren.

Versuche, langsam ein und auszuatmen. Zieh dir den Pullover aus, wenn du zu schwitzen beginnst. Versuche, deine Angst ein wenig „von außen" zu betrachten – denn irgendwann schwächt sie sich wieder ab und verschwindet spätestens nach der Landung, aber eher schon viel früher.

Flugbegleiter ansprechen

Wie genau spreche ich bei den Flugbegleitern an, dass ich Flugangst habe, und was fangen sie mit der Information an?

Der beste Zeitpunkt, die Crew wegen Flugangst anzusprechen, ist beim Einstieg. Da können wir dich noch umsetzen und dich beruhigen, denn später im Reiseflug wird der Service vorbereitet und durchgeführt.

Aber auch wenn du dich erst später als beim Einstieg trauen solltest: Die Flugbegleiter werden dich und die deine Angst zu jedem Zeitpunkt ernst nehmen und dich unterstützen. Fragen kostet nichts – den allermeisten Mitgliedern meiner Flugangst-Facebook-Gruppe hat die Crew toll geholfen, die Flugangst zu bändigen.

Und wenn du einen Flugbegleiter antriffst, der wenig empathisch oder gestresst ist, frag den nächsten.

Ansonsten halte Ausschau nach dem Flugbegleiter mit den meisten Streifen an der Uniform. Das sind die Kabinenchefs, die sich sicherlich um dich kümmern werden.

Zettel an Flugbegleiter vorbereiten

Falls du dich nicht trauen solltest, den Flugbegleitern mündlich von deiner Flugangst zu erzählen, könntest du der Crew einen Zettel mit folgenden Worten geben:

„Hallo liebe Crew,

hiermit möchte ich Ihnen mitteilen, dass ich an Flugangst leide. Ich sitze auf Platz XY und würde mich freuen, wenn Sie ein Auge auf mich werfen könnten.

Vielen Dank,

Max Mustermann"

„Dear Crew Member,

I would like to inform you that I am scared of flying. My seat number is XY and I would be happy if you could take care of me.

Thanks a lot,

Max Mustermann"

Die Piloten begrüßen

Während des gesamten Fluges verbleibt die Cockpittür für Fluggäste geschlossen. Beim Einsteigevorgang ist die Tür aber meist geöffnet. Frage direkt beim Einsteigen das Kabinenpersonal, ob du mal kurz die Piloten begrüßen darfst. Das sollte in den meisten Fällen kein Problem sein, wenn du nur ganz kurz Hallo sagst. So kennst du wenigstens die Gesichter der Piloten und baust ein wenig mehr Vertrauen auf.

Die Kontrolle abgeben lernen

Viele Menschen mit Flugangst haben Probleme damit, die Kontrolle abzugeben. Sie tendieren dazu, alles lieber selbst machen zu wollen, und begeben sich ungern in Situationen, in welchen sie keine Handlungsmacht haben.

Aber in manchen Fällen ist es doch besser, die Profis ihren Job machen zu lassen. Wenn du davon betroffen bist, denke daran, dass die Piloten sogar noch mehr Flugstunden monatlich ableisten als Flugbegleiter. Außerdem machen sie ständig Simulatorflüge und werden oft geprüft und gecheckt. Selbst der Kapitän und Copilot überwachen sich bei jedem einzelnen Flug gegenseitig.

Vertraue darauf, dass Piloten alles tun (und tun müssen), um Gefahrenquellen sehr weit aus dem Weg zu gehen. Für sie ist das Fliegen Alltag und trotzdem sind sie immer hoch konzentriert.

Musik, Filme und Hörbücher

Nachgewiesenermaßen beeinflusst Musik unsere Gefühle. Höre dir deshalb Musik an, die du liebst, die dich an positive Ereignisse erinnert und dich wohlfühlen lässt.

Du kannst dir auch auf dein Tablet oder Handy Filme laden, die dich gut fühlen lassen. Wähle dafür am besten lustige Filme und keine Thriller, Dramen oder Actionfilme, die für Adrenalin sorgen. Hörbücher sind auch super, um dich abzulenken.

Smalltalk führen

Selbst wenn du alleine fliegst, wirst du nicht der einzige Fluggast sein. Beginne doch einen Smalltalk mit einem Mitreisenden neben dir. Das lenkt ab und verkürzt gefühlt die Flugzeit.

Gedächtnis-Spiele spielen

Wird dein Puls schneller und du steigerst dich in die Angst hinein, kannst du deine Gedanken mit Gedächtnis-Spielen ablenken. Das habe ich an Bord bei vielen Betroffenen versucht und oft hat es geklappt. Frag dich zum Beispiel, was du vor drei, vier oder fünf Tagen gegessen hast oder welche Kleidung du getragen hast. Das geht alleine oder auch super zu zweit.

Mit einem angstfreien Menschen fliegen

Vielen Flugangst-Geplagten hilft es sehr, mit einer Person ihres Vertrauens zu fliegen, die keine Flugangst hat. Das beruhigt ungemein und man hat jemanden zum Festhalten. Die innere Ruhe des Reisepartners strahlt im besten Falle auf dich aus. Falls du alleine Fliegen musst, kannst du dir auch Fotos von deinen Liebsten anschauen. Ein Glücksbringer hat übrigens auch noch nie geschadet.

Arbeiten oder andere Ablenkungen

Falls es sich nicht um eine Geschäftsreise handelt, willst du wahrscheinlich gar nicht ans Arbeiten denken. Wenn du dich aber gut mit Arbeit am Laptop ablenken kannst, die dich sonst nach dem Urlaub auf deinem Schreibtisch erwartet, kannst du sie zur Ablenkung schon erledigen.

Oder du machst etwas, was dir Spaß macht: Kreuzwort- oder Sudoku-Hefte ausfüllen, Spiele auf dem (in

Flugmodus gestellten) Handy spielen, ein Reisetagebuch schreiben oder was auch immer. Der Fantasie sind keine Grenzen gesetzt.

WLAN nutzen

Oft gibt es die Möglichkeit, WLAN an Bord stundenweise zu kaufen. Das ist zwar nicht immer besonders günstig, aber so könntest du während des Reisefluges mit deiner Familie und Freunden chatten oder Interessantes im Internet lesen. Dein Handy muss zwar auf Flugmodus gestellt sein, aber die WLAN-Funktion kannst du nutzen.

Sich an einen „Wohlfühlort" denken

Ein Flugzeug ist selbst für relaxte Vielflieger nicht der schönste Ort, den sie sich vorstellen können – auch die First-Class ist nur eingeschränkt luxuriös. Du kannst also mental versuchen, dich an einen Ort zu begeben, der dich richtig wohlfühlen lässt.

Lagst du schon mal in einer lauen Sommernacht auf einer Wiese und hast dort Sternschnuppen beobachtet? Oder hast du einen besonders romantischen Moment mit einer besonderen Person erlebt, an den du dich gerne zurückerinnerst?

Egal was es sein mag, in echt geschehen oder eine Fantasie – schließe die Augen, mach dir Ohrstöpsel rein oder höre dabei entspannte Musik und bringe dich gedanklich an diesen Ort, zu dieser Erinnerung, oder stelle dir etwas vor, was du gerne erleben möchtest.

Sich digital begleiten lassen

Viele meiner Flugangst-Gruppenmitglieder fühlen sich besser, wenn andere sie digitalerweise auf Apps wie Flightradar24 begleiten. Dort kann man die Flugnummer eines Fluges eingeben und live beobachten, wo sich das Flugzeug gerade entlang bewegt, welche Flughöhe es hat und einiges anderes – selbst in der gratis Version.

Gut versorgt sein

Wie zuvor schon erwähnt, kannst du dir deine eigenen Snacks mit an Bord nehmen. Alles was nicht flüssig oder breiig ist, kannst du bei der Sicherheitskontrolle bedenkenlos im Handgepäck dabeihaben. Eine leere Wasserflasche kannst du hinter der Sicherheitskontrolle am Wasserspender auffüllen.

So hast du im Flug die Möglichkeit zu snacken, verspürst keinen Hunger und keinen Durst. Und wie gesagt: Ein gut genährter Körper hat auch stärkere Nerven!

10. Erfahrungen von Flugangst-Betroffenen

Interview mit Andreas P.

Seit wann hast du Flugangst und wie stark ist sie?

„Ich habe Flugangst seit 22 Jahren. Mein erster Flug ging nach Mallorca und auf dem Rückflug hatten wir sehr heftige Turbulenzen, wo viele Leute geschrien haben. Da es quasi mein zweiter Flug war, hatte ich auch richtig Panik."

Was tust du gegen die Angst und hast du Rituale?

„Ich wohne leider in der Nähe vom Frankfurter Flughafen und sehe täglich die ganzen Flieger, die dort landen. Ich freue mich immer, dass es die Passagiere gleich geschafft haben, aber andererseits verstärkt es auch meine Angst, wieder in einen Flieger zu steigen. Da registriere ich jedes einzelne Flugzeug und schaue über eine App, wo es gerade herkommt. Im Flieger selbst brauche ich immer ein bis zwei Gläser Wein, um mich zu beruhigen."

Anmerkung:

An Bord wirkt Alkohol stärker als am Boden, da er durch die dünnere Luft im Flieger langsamer vom Körper abgebaut wird. Wer selten bis nie Alkohol trinkt, sollte das dann auch nicht im Flugzeug tun.

Generell ist es besser, wenn man sich nicht durch Alkohol oder andere Mittel „beruhigt". Ängste lösen sich nicht durch die Einnahme irgendwelcher „Helferlein".

Sprichst du über deine Flugangst und vertraust du dich auch der Crew an?

„Über die Angst spreche ich nur mit meiner Frau, die es mir aber auch immer direkt anmerkt."

Tipp:

Vielen Menschen geht es so, dass sie ihre Ängste lieber für sich behalten wollen. Jedoch kann es ungemein helfen, wenn man sich der Crew anvertraut. Wir Flugbegleiter erleben ständig Menschen mit Flugangst und nehmen diese auch ernst.

Was hilft dir am meisten?

„Beruhigende Musik über Kopfhörer, mit welchen man die Außengeräusche nicht so wahrnimmt. Richtig schlafen kann ich leider nie im Flieger."

Ist die Angst vor dem Flug größer als während des Fluges?

„Die Angst ist vor dem Flug am größten. Meist so zwei bis drei Tage vorher. Wenn der Start erst mal überstanden ist, geht es meist, sofern der Flug ruhig ist."

Anmerkung:

Interessanterweise geht es den meisten Menschen so, dass die Zeit vor dem Abflug die schlimmste ist. Viele der Mitglieder meiner Flugangst-Gruppe berichten, dass sie während des Fluges kaum noch Angst haben, also vorher Angst vor der Angst hatten.

Wie geht es dir nach einem Flug und was war dein längster Flug?

„Während des Fluges höre ich auf jedes Geräusch und achte auf jedes „Wackeln". Ich weiß aber auch, solange der Service unterwegs ist, kann es nicht so schlimm werden. Nach dem Flug selbst freue ich mich, endlich wieder Boden unter den Füßen zu haben. Mein längster Flug war bisher nach Bali, 14:50 h reine Flugzeit über Singapur. Aber auf dem Rückweg hatten wir den Flieger fast für uns allein."

Anmerkung:

Selbst wenn die Crew den Service einstellt und sich selbst hinsetzt, ist das kein Grund zur Sorge! Wie ich vorher schon erwähnt habe, sind Turbulenzen für das Flugzeug unerheblich, denn es wurde dafür gebaut, in der Luft unterwegs zu sein – selbst bei sehr starken Turbulenzen.

Was motiviert dich am meisten, in ein Flugzeug zu steigen?

„Die Motivation ist einzig und allein, fremde Welten und Kulturen zu entdecken, schöne Strände zu entdecken und aus dem Alltagstrott zu kommen. Ich liebe Asien, Amerika und Afrika. Nur dafür steige ich in ein Flugzeug. All das könnte ich ohne fliegen nicht entdecken und erkunden!"

Monis Geschichte

Moni betreibt den Reiseblog "Reisen mit Baby und Kleinkind" und den Mamablog "Tausche Pumps gegen Schlappen". Nach dem Abitur trat sie ihren ersten Flug an und sammelt bis heute fleißig Meilen – trotz Flugangst.

Wie sie damit umgeht und was ihr hilft, beschreibt sie in ihrem Bericht:

„Im Juli 2005 bin ich mit 19 das erste Mal geflogen. Bereits vor dem Flug war mir schon klar, dass es mich davor gruseln wird.

Mittlerweile bin ich 33 Jahre alt und bestimmt 60 Mal geflogen. Meine Flugangst habe ich im Griff. Natürlich habe ich immer noch Respekt vorm Fliegen. Besonders jetzt, wo ich Mutter bin, verfalle ich manchmal in alte Muster zurück.

Mein aktueller Flugangststand: Der Start berührt mich gar nicht mehr. Landung ist eh nie ein Problem gewesen. Kurz- und Mittelstrecke sind völlig easy und ich fliege sogar allein, was früher gar nicht denkbar gewesen wäre. Lediglich Langstrecke ist immer noch mit viel Respekt verbunden, aber ich fliege.

Auf dem Weg dahin habe ich viel unternommen, um dieses schreckliche Gefühl der Hilflosigkeit loszuwerden.

Allein der Weg vom Gate über die Fluggastbrücke ins Flugzeug fühlte sich für mich immer an wie „der letzte

Weg in meinem Leben". Total übertrieben für Menschen, die keine Angst vor dem Fliegen haben.

Als nächste Etappe galt es immer, irgendwie den Start auszuhalten. Ich empfand das als schlimmsten Part am Fliegen neben intensiven Turbulenzen, die ja nicht immer vorkommen.

So begann die Flugangst

Ich erinnere mich an einen Startvorgang von Barcelona nach Düsseldorf. Das Flugzeug war gefühlt auf halber Höhe und verlor gravierend an Höhe und sackte ruckartig ab. Das bestätigte meine Angst umso mehr, dass ein Flugzeug den Startvorgang nicht immer schaffen kann. Vorab möchte ich sagen: Das ist völliger Quatsch!

Auf einem Flug von Los Angeles nach Atlanta gerieten wir nicht IN einen Wirbelsturm, aber in die Nähe eines Wirbelsturms. Das Flugzeug rummste auf und ab wie ein Flummi. Ich war so überzeugt, dass es gleich einfach runter saust. Mein Mann fand das sogar amüsant – also die Turbulenzen. Im Nachhinein habe ich erfahren, dass derartige Turbulenzen für diese Jahreszeit in dieser Region der USA nicht unüblich sind und quasi regelmäßig vorkommen können.

Monis Tipp

Und hier möchte ich direkt mal ansetzen: Die Konfrontationstherapie ist für mich die beste Therapie gewesen. Immer am Ball bleiben. Weitermachen. Man sagt ja auch, dass man sich nach einem Autounfall direkt wieder ans Steuer setzen sollte, statt vor lauter Angst das Autofahren zu vermeiden. Auch die Einnahme von Medikamenten bringt langfristig gar nix. Ich hab's mit Bachblüten und Alkohol versucht. Letzteres wäre mit Baby an Bord sowieso unverantwortlich. Und es bringt ebenfalls nix.

Meine erste Fernreise war 2012 nach New York City. Acht Stunden Flugzeit galt es zu bewältigen. Und dann auch noch über den Atlantik. Ich war sogar so ängstlich, dass ich nicht innerhalb der USA fliegen wollte, da ich das als unsicher ansah. Meine größte Hilfe waren hier der Antreiber Fernweh und mein Mann. Ohne meinen Mann wäre ich eh niemals in ein Flugzeug gestiegen.

Der Flug war am Ende wirklich easy. Es war wirklich alles ruhig und in Ordnung. Sogar der Inlandsflug von New York nach Miami war gut.

Dennoch blieb meine Flugangst. Der Antreiber Fernweh blieb aber auch.

Erste Schritte im Kampf gegen die Flugangst

Das war der Zeitpunkt, wo ich begann, aktiv gegen die Angst zu arbeiten. Zufällig fiel mir eine Autobiografie einer Stewardess in die Hände. Sie ist selber Flugbegleiterin bei einer ehemals großen deutschen Fluggesellschaft gewesen und berichtet über 20 Jahre Fliegererfahrung mit im wahrsten Sinne des Wortes allen „Höhen und Tiefen". Ich habe durch das Buch erstmals erfahren, wie viel ein Flugzeug wirklich aushält und welche Widrigkeiten es bekämpfen kann.

Auf Facebook habe ich die Autorin angeschrieben und sie hat mir alle meine Ängste mit logischen Erklärungen und vollstem Verständnis versucht zu nehmen. Auf einer Skala von 1 bis 10 hat sie mir zu sechs Punkten gut helfen können.

Aber Flugangst ist sehr oft was Emotionales und nichts Rationales. Einem Flugängstigen bringt es nichts, den allzeit oft gut gemeinten Satz zu hören: „Der Weg zum Flughafen mit dem Auto ist gefährlicher als der Flug selber."

Hypnose und Flugangst-Seminar

Also versuchte ich es mit Hypnose. Mehrmals. Mir brachte es leider nix. Vielleicht war ich auch einfach nicht empfänglich dafür. Ich denke, es ist schon einen Versuch wert, um Angst jeglicher Art zu besiegen. Falls du darüber nachdenkst, versuch es ruhig. Denn erst dann wirst du wissen, ob es dich weiterbringen wird. Ich kenne sehr wohl Leute, die ihre Probleme damit aufgearbeitet haben, zum Beispiel bei Raucherentwöhnung.

Der nächste Versuch, gegen meine Flugangst zu arbeiten, flog mir wieder in die Hände: ein Flugangst-Seminar! Über Facebook sah ich einen Post von Kathrin. Sie suchte Leute, die das Flugangst-Seminar von Ihrem Mann und dessen Partner (ihr Mann ist Pilot) in der Pilotphase testen wollen.

Das Seminar fand in Münster statt und ich fand es wirklich sehr gut. Der Teil mit dem Psychologen war weniger gut. Mir bringt es wirklich nichts zu hinterfragen „Warum habe ich Angst?", „Woher kommt die Angst?" usw. Aber der praktische Teil war super hilfreich. Der Pilot zeigte zum Beispiel Videos mit „kritischen" Situationen. Flugzeug wird vom Blitz getroffen, Flugzeug macht eine

Notlandung, Feuer an Bord, Turbulenzen, die so schlimm sind, dass das Essen an die Decke fliegt usw. Er erklärte dazu, was das Flugpersonal dann macht und was im Cockpit passiert; welche Sicherungssysteme greifen und warum dennoch alles sicher ist für die Passagiere.

Als Nächstes spielte er Geräusche aus der Kabine ab, die wir deuten sollten. Nicht einmal bin ich wegen irgendeinem Gong im Flugzeug zusammen geschreckt immer mit der Frage im Hinterkopf „Ist das normal?". Danach war diesbezüglich wirklich Ruhe!

Außerdem besprachen wir auch bekannte Flugunfälle, zum Beispiel den Flugzeugabsturz der Air France am 01.06.2009 von Rio de Janeiro nach Paris. Er erklärte uns völlig verständlich und schlüssig, was da laut Gutachten der Experten nach Auswertung der Blackbox schiefgelaufen ist und was die Luftfahrt daraus gelernt hat.

Bei einem regulären Flugangstseminar gibt es eigentlich einen Abschlussflug in Begleitung eines Piloten (also diesmal sitzt der neben dir) oder Psychologen oder so. Das gab es bei mir nicht, da ich das Seminar ja kostenlos in der Testphase besuchen durfte. Darüber bin ich immer noch sehr dankbar, denn diese Seminare kosten eigentlich ein paar hundert Euro.

Auch wenn ich am Anfang auf das Emotionale gepocht habe – diesmal hat es mir echt deutlich geholfen zu wissen, dass die Flugbegleiter und die Piloten immer sehr gut für brenzlige Situationen vorbereitet sind. Das hat mir mehr Vertrauen ins Fliegen geschenkt.

Unterstützend dazu habe ich mir Bücher gegen Flugangst gekauft, die ich immer mal wieder gelesen habe, um einfach wieder das Vertrauen zu erneuern.

Zusammenfassend kann ich sagen, dass es mir geholfen hat, zu überlegen, in welcher Situation habe ich wovor Angst, und dann habe ich mir dazu Experten gesucht, die meine Angst aufgrund ihrer Erfahrungen widerlegen. Als Experten zähle ich lediglich Flugbegleiter und Piloten. Die Psychologen oder Hypnotiseure haben mir nichts gebracht.

Und als ganz entscheidender Faktor kann ich nur sagen, dass es mir geholfen hat, immer wieder neu ins Flugzeug zu steigen. Der Angst quasi ins Gesicht zu schauen. Dabei halfen mir mein unstillbares Fernweh und mein Ehemann."

Die Geschichte von Thomas S.

„Meine Frau (mit der ich damals gerade ein halbes Jahr zusammen war) wollte mit mir in den Urlaub. Unbedacht sagte ich: „Klar komm ich mit!", wusste aber noch nicht, worauf ich mich eingelassen habe, aber es sollten Jahre werden… Es wurde alles gebucht und getan und ich prahlte vor meinen Jungs. Es war noch so einfach, weit weg, keine Spur von Angst. Ich schlief die Nacht vor dem Abflug gut, aber dann stand ich im Flughafen-Gebäude.

Mein Blick trübte sich, mir wurde heiß, Körper und Geist trennten sich, ich stand komplett neben mir und vor mir ein riesiges altes Flugzeug. Irgendwie trugen mich meine Beine rein, die Triebwerke starteten und mit ihnen meine Gedanken – genauso laut und gewaltig. Jedes Geräusch, jede Bewegung, einfach alles deutete auf die kommende Katastrophe hin.

Angekommen bin ich trotzdem und eigentlich war ich mit dem Thema Fliegen durch, aber ich musste noch zurück und meine Frau wollte dann jedes Jahr mindestens zweimal weg.

Ich fand ich alles andere als gut, aber ok, für die Liebe macht man einiges. Sie wollte mich unterstützen und ich mich informieren, nur doof fast ohne Internet damals…

Ich habe es immer über mich ergehen lassen. Die Zeit zwischen den Flügen war immer ok, nur der Abend davor bis zur Landung waren für uns beide eine Tortur. Ich ein verschwitztes Häufchen Elend und sie „leicht" genervt…

Nun kamen wir ins Zeitalter des Internets – dem Paradies für Menschen wie mich, und ziemlich schnell stieß ich auf ein Forum Gleichgesinnter, gespickt mit Piloten, Technikern und Stewardessen. Beeindruckend, dass Leute ihre Freizeit opfern und sich mit Fragen bombardieren ließen, aber auch der Austausch unter uns Leidensgenossen war hervorragend.

Es half schon sehr und die Flüge wurden schon merklich angenehmer, ich bekam mehr um mich rum mit UND meine Neugier wuchs.

Warum fliegt ein Flugzeug? Wie arbeiten die im Cockpit? Was geht da vor sich? Warum wackelt es und wieso überhaupt? Meine Frau wieder total genervt, sitzt er doch tatsächlich tagelang vorm PC, ständig laufen Dokus, jeder

Begriff erforscht, sitzt in Simulatoren rum, quasselt stundenlang mit Fremden übers Wetter…

Entnervt hat sie mir mein Handy versteckt. Das war mir egal, denn dann habe ihr zwei Flugtickets zu ihrer besten Freundin nach Singapur unter die Nase gehalten! Ich hatte ihr verschwiegen, dass ich darauf hingearbeitet habe. Langstrecke habe ich jahrelang vehement abgelehnt und ich weiß, dass meine Frau deswegen sehr traurig war und ich dadurch auch.

Vor der Langstrecke liefen dann die Flüge langsam richtig gut. Ich konnte sie genießen UND ich fing an das Gefühl zu lieben: Starten über Inseln mit Sonnenuntergang, landen über beeindruckende Städte, hoch oben mit tollem Ausblick. Meine Frau und ich fliegen noch immer durch die Welt. Ja, sie war oft gereizt meinetwegen, ich war auch nie einfach. Aber aufgeben war nie eine Option!

Thomas' Rat an Flugangst-Betroffene

Ich kann nur jeden zum Austausch mit Gleichgesinnten raten, egal was genau euch Angst macht oder ob euch die Taktiken der anderen helfen oder auch nicht. Das gemeinsame regelmäßige Miteinander wird immer etwas bewirken… Was man im Einzelnen tun kann, hängt von einem persönlich ab, wird aber Zeit und eventuell auch ein bisschen was kosten. Findet es heraus, der nächste Flug wird kommen."

11. So sieht (m)ein typischer Arbeitstag auf Langstrecke aus

Vor dem Flug

Ein besonders großer Vorteil des Flugbegleiter-Lebens ist, dass man nicht gezwungen ist, in der Stadt seines Einsatzortes zu wohnen. In meinem Fall ist es so, dass ich in Berlin wohne, jedoch aus Frankfurt am Main abfliege. Ich kenne auch Kollegen, die in anderen europäischen Ländern leben oder sogar aus New York „shutteln" (zur Airline-Basis anreisen), um zur Arbeit nach Frankfurt zu kommen.

Das bedeutet für mich, dass ich erst einmal von Berlin nach Frankfurt fliege, um dort dann zur Arbeit anzutreten. Gehen wir davon aus, dass der Langstreckenflug uns heute nach Singapur bringt. Der Flug geht erst gegen 22 Uhr los und so habe ich bequem Zeit, am selben Tag von Berlin nach Frankfurt zu fliegen.

Ich checke also die Buchungszahlen der Flüge nach Frankfurt, denn meistens fliege ich auf „Standby-Rate". Das bedeutet, dass ich sehr vergünstigt mitfliegen kann, wenn denn noch Sitzplätze vorhanden sind.

Mein Koffer ist eigentlich immer zum großen Teil schon gepackt – Kosmetik und Ähnliches habe ich doppelt und ein Teil davon verbleibt immer im Koffer. Den Koffer packe ich also ziemlich schnell, da man im warmen Singapur eh nicht viel Textil braucht.

Sitzt die Frisur und stimmt das Make-up, schwinge ich mich in meine Uniform, und fliege von Berlin nach Frankfurt.

Auf der Crew-Basis

In Frankfurt angekommen gehe ich vom Terminal hinüber zur Crew-Basis, die für die Cockpit- und Kabinenmitglieder der erste Teil des Arbeitstages ist. Über mein Arbeits-iPad checke ich mich ein, damit die Crew für den heutigen Flug sehen kann, dass ich mich schon auf der Basis befinde. Dann hole ich mir noch einen Snack oder Kaffee und schaue mir die Flugdaten an: Buchungszahlen, wie viele Sonderessen bestellt wurden, ob es Rollstuhlfahrer auf dem Flug gibt und so weiter.

Ca. zwei Stunden vor dem Abflug trifft sich dann die Crew im Briefingraum. Dort stellen wir uns gegenseitig vor, denn bei über 20.000 Kollegen kennt man die meisten Kollegen noch gar nicht. Im Briefing werden dann die Flugdaten besprochen und wir gehen Szenarien durch, die auf dem Flug passieren könnten: Was zu tun ist, wenn ein Fluggast zu einem medizinischen Notfall wird und wie wir uns bei sicherheitsrelevanten Aufgaben und Notfällen verhalten.

Außerdem werden die Arbeitspositionen innerhalb des Flugzeugs (in der Economy-, Business- und First-Class) nach Firmenzugehörigkeit verteilt: Wer am längsten dabei ist, darf sich die Arbeitsposition zuerst aussuchen.

Ein wenig später kommen dann auch die Cockpit-Kollegen in den Briefingraum, die mit uns dann neben sicherheitsrelevanten Dingen auch die Flugroute erklären und uns sagen, ob und wann mit Turbulenzen zu rechnen ist.

Ist alles besprochen, holen wir unsere Koffer und gehen durch die Crew-Sicherheitskontrolle. Dahinter warten dann Busse, die uns direkt zum Flugzeug bringen.

Im Flugzeug am Boden

Sobald der erste Gast das Flugzeug betritt, müssen wir Flugbegleiter an unseren zugewiesenen Flugzeug-Türen stehen. Der Grund dafür ist, dass es selbst beim Boarding (unwahrscheinlicherweise) zu einer Evakuierung des Flugzeugs kommen kann und wir dann schnellstmöglich die Flugzeug-Türen öffnen könnten.

Je nach Flugzeugmuster kann sich das Boarding auch ziemlich lang ziehen. Auf einem A380 kann es bis zu einer Stunde dauern, bis alle Fluggäste zu ihrem Platz gefunden haben oder sich mit unserer Hilfe umsetzen. So kann das Boarding auch schon ziemlich anstrengend werden, wenn auf einem voll ausgebuchten Flug Familien zusammengesetzt werden müssen, weil sie beim Einchecken keine zusammenliegenden Plätze mehr bekommen haben – das reinste Tetris-Spiel. Es gibt viele Fluggäste, die sich einfach nicht umsetzen möchten, um anderen einen Gefallen zu tun.

Sitzen alle, checken wir, ob die Gäste angeschnallt sind; schauen, dass die Notausgänge frei von Gepäck sind, schließen alle Kofferablagen, sichern alle Trolleys in den Bordküchen, setzen uns auf unsere Flugbegleiter-Sitze und melden dem Purser (Kabinenchef) unseren Bereich als „klar" und abflugbereit. Sind alle Bereiche klar gemeldet, wird das Cockpit informiert und es kann losgehen.

Im Reiseflug

Sobald die Anschnallzeichen von den Piloten ausgestellt werden, springen wir auf, ziehen uns bequemere Schuhe an und beginnen mit den Vorbereitungen in den Bordküchen. Der Service ist in jeder Reiseklasse anders: In der Economy-Class werden Tabletts verteilt und es gibt meist eine Auswahl an warmen Essen.

Tipp: Je weiter weg du von den Bordküchen sitzt, umso eher hast du eine Auswahl an Essen. Es wird immer in Richtung Küche gearbeitet und am Ende gibt es nur noch das Essen, was von den anderen Fluggästen nicht genommen wurde.

In der Business-Class ist der Service viel individueller und statt normaler Tabletts gibt es weiße Tischdecken, richtiges Besteck und die Fluggäste bekommen, soweit es geht, genau die Auswahl an Essen, die sie haben möchten.

Ich arbeite am liebsten in der Economy-Class, da dort die Stimmung etwas lockerer ist und ich auch gerne mich um

Familien und Kinder kümmere. In der Business- und First-Class sitzen meist Geschäftsleute. In der First-Class können nur Kollegen arbeiten, die ein einwöchiges Training absolviert haben, um den High-End-Service bieten zu können.

Bis jeder Fluggast gegessen und getrunken hat, alles wieder eingesammelt worden ist und die Küchen wieder schick aussehen sowie der Bordverkauf erledigt wurde, können gut drei Stunden vergehen. Sobald alle Klassen mit dem Service fertig sind, versammeln wir uns bereichsweise in den Küchen und essen nun auch etwas.

Wir Flugbegleiter quatschen, lernen uns kennen und planen ggf. gemeinsame Ausflüge in Singapur. Sobald auch die Crew satt ist, teilt der Purser die Ruhezeiten ein: Zuerst geht die erste Hälfte der Flugbegleiter in die Crewbetten und danach die anderen, sodass immer Personal für die Fluggäste ansprechbar ist.

Die Crewbetten liegen bei den Airbus-Flugzeugen (ich fliege nur Airbus) alle unterhalb der Kabine, es gibt dort Etagenbetten. Frische Bettwäsche wird schon in Frankfurt beladen; wir beziehen die Betten und schlafen auch ungefähr drei Stunden, bis die anderen uns wecken.

Da der Singapur-Flug ein Nachtflug ist, wird kein richtiger Zwischenservice gemacht, sondern es werden Snacks in der Küche ausgestellt und die Flugbegleiter laufen alle halbe Stunde mit Wasser- und Safttabletts durch die dunkle Kabine, in der die meisten Gäste schlafen.

Sobald dann auch die zweite Hälfte der Crew ihre drei Stunden Schlaf bekommen hat, beginnt der zweite Service, dieses Mal Frühstück. Es ist manchmal schon ziemlich hart, nur drei Stunden zu schlafen, dann im Tiefschlaf geweckt zu werden und 15 Minuten später wieder lächelnd den zweiten Service zu machen, aber man gewöhnt sich daran.

Nach der Landung

Nach dem zweiten Service ist die Landung nach ca. zwölf Stunden Flug nun auch endlich in Sicht. Alle Trolleys in den Küchen werden für die Landung wieder gesichert, Boxen und Wagen mit alkoholischen Getränken werden wegen Zollbestimmungen mit Plomben versehen. Wir checken, dass die Fluggäste angeschnallt und die Koffer ordnungsgemäß verstaut sind, setzen uns auf die Sitze und melden unseren jeweiligen Bereich wieder zur Landung klar.

Wir landen in Singapur und verabschieden die Gäste wieder an unseren jeweiligen Türen. Auch das Aussteigen kann sich ziemlich in die Länge ziehen. Einige Gäste gehen noch einmal auf die Toilette, oder es werden noch die Habseligkeiten zusammengesucht.

Ist der letzte Gast von Bord gegangen, macht der Purser die Durchsage, dass alle Gäste weg sind und wir können dann auch unsere Türbereiche verlassen, unsere Sachen schnappen und gemeinsam als Crew Richtung Einreisebereich gehen. Meist haben Flughäfen Einreisebereiche für Crews und Diplomaten. Praktischerweise kriegen Crew-Mitglieder meist keinen Stempel in den Pass; er wäre nach ein paar Monaten ja schon komplett voll.

Sind alle eingereist, können wir endlich Richtung Crewbus gehen, der uns dann ins Hotel fährt, wo wir auch nach einer knappen dreiviertel Stunde endlich ankommen.

Der Feierabend beginnt. In Deutschland ist es ungefähr 13 Uhr und in Singapur schon 19 Uhr – also eigentlich noch ein wenig zu früh, um direkt schlafen zu gehen. Also gönne ich mir in Hotelnähe eine Fußmassage, bei der ich ein wenig döse, hole mir danach etwas zu essen und trinke ein

Glas Feierabend-Wein, bevor ich mich in das mega kuschelige 5-Sterne-Hotel-Bett fallen lasse und richtig tief einschlafe.

12. Nachwort

Für mich als Flugbegleiterin ist das Fliegen wunderschön – auch wenn du es dir vielleicht erstmal nicht so vorstellen kannst.

Ich treffe auf jedem Flug neue Kollegen, die offen, empathisch und oft sehr interessante Menschen sind. Das ist neben den tollen Orten, die ich durch meinen Job besuchen kann, mit das Schönste an der Fliegerei.

Ich bin durch meinen Beruf persönlich sehr gewachsen und freue mich immer wieder, wenn wir im Steigflug durch die Wolkendecke stoßen und die Sonne sehen können.

Auch wenn du wahrscheinlich nie in einem Flugzeug arbeiten wollen wirst, wollte ich diese Worte zum Abschluss noch sagen. Denn wäre der Job als Flugbegleiter gefährlich, würde ich ihn als Mutter eines kleinen Sohnes niemals ausüben!

Ich hoffe sehr, dass dir die Tipps gegen Flugangst helfen konnten. Und wer weiß, vielleicht steigst du eines Tages sogar gerne in ein Flugzeug! Denn du wärst nicht die erste Person, die ihre Flugangst überwunden hat.

Fliegen kann auch schön sein :)

Always happy landings,

Deine Delia

Hat dir dieser Ratgeber gefallen?

Ich würde mich sehr freuen, wenn du mir auf Amazon dein Feedback in Form einer Bewertung geben würdest.

Bewertungen helfen interessierten Lesern das Buch einzuschätzen und die Auffindbarkeit des Ratgebers auf Amazon wird verbessert. Ich danke dir vielmals!

Blog:

www.delia-wings.de

Instagram:

@delia_wings

Facebook:

Delia Wings – Reisetipps einer Stewardess

YouTube:

Delia Wings – Reisetipps einer Stewardess

Twitter:

@DeliaWings

Pinterest:

@StewardessDelia

Flipboard:

Delia Wings

Telefonisches Flugangst-Coaching:

https://delia-wings.de/produkt/flugangst-coaching/

oder E-Mail an:

delia_wings@hotmail.com